在未知境界中遇見自己

人生所有經歷都是為了成就自我

心理醫師 李子勛 著

我想通過這本書傳達一個概念，生活需要的是智慧而不是技巧。

任何生活的經歷都是構成生命的拼圖碎片，沒有多餘的，也沒有不恰當的。

生命的價值正是一個人在生命歷程中集結的全部體驗，體驗過就活過，生命結束的時候，人不曾後悔做過什麼，也許會後悔自己有什麼該做的還沒有做。

前言

在成長的道路上，總會有那麼一些人在你的心中產生巨大的影響，讀他們的書，讓你內心澎湃，物我兩忘。

生而為人，本就孤獨。

但透過書中那些睿智超然的解讀、撫慰人心的話語，心靈得以舒展，變得輕盈，你開始願意和自己甚至和這個世界和解。

對我來說，李子勛老師就是這樣一位導師，他的重要性不言而喻。

我和老師相識已逾十年。

我最深的感受是：他永遠給人如沐春風的感覺，微笑著、溫和地關懷身邊的人。他一生都在踐行他的諮詢理念：關係要大於治療，關懷要大於技術。

李老師曾說過，一流的諮商師本身就是一道風景，他什麼都不說，什麼都不做，就像西湖一樣，只要人經過，就被他攪動。顯然李老師達到了這樣的境界。

這種感覺就像是一個陪伴在你身邊多年的知心老友，在平常的日子中，不顯山露水，在你脆弱的時刻，會對你投過深切的一瞥，似乎在說：「嗨，你還好吧？」

和李老師相識或是有緣聽過他講課的人，都會被他明亮謙和的氣場溫暖到；更多讀過他著作卻未曾與之謀面的人，也會在生命的某個特別時刻，在不經意間被那些充滿哲學思考、通透關懷的語言感染，然後整個生命狀態發生變化。

很多年以前，我曾是一個憤世嫉俗的熱血青年。我為很多事情日夜煩擾，心意難平——環境汙染、食品安全、社會公平……因此失去內在平衡。我相信類似的問題應該也困擾著許多人。在一次課程中，我提出了這個疑惑。

直至今天，我仍清楚記得李老師對我說：「人類只能傷害人類自己。」他輕描淡寫，清風徐來；我醍醐灌頂，即時頓悟，內在的乖張犀利日益變得堅定平和。

——大概只有李子勛能以這樣的方式做諮詢吧。

多年以來，這樣的神奇時刻時常上演著。

我常常驚嘆，一個人要達到怎樣的精神境界，才能如此自由和諧地解構並建構來訪者的內在？

拿到本書的初稿，正值李子勛老師離世半個月。

在整理本書書稿時，我一時為書中的哲思妙語拍案叫絕，一時又為老師的驟然離去黯然神傷，心情起伏不定，也算是一段不尋常的體驗。

我想起老師的話：「你要樂於接受生活的變化，你所經歷的，都是在完成自己」。斯人已去，精魂長存。

跟隨李老師的視角，閱讀本書，你會感覺到這位坦誠真摯的人生導師如何運用他的智慧、情懷來貼近讀者的內心。從哲學、心理諮詢的角度來看待自己的人生，你看到的將是更優美的風景和更加從容生活的可能。

探索自我是勇者所為。

正如書中所提倡的：真正的自我探索無法借助言語，唯一的工具是感覺。唯一的技術是接納與認同；要達到的唯一境界是無限。

用文字來表達感覺，已不是感覺本身。但無論如何，讀到這些文字，我們已無限擴大了內心的感受。對人生的誤解將會減少許多，對自己的認識則會清楚不少。

中國央視法制頻道的主持人阿果老師曾說：「感謝李子勛老師和楊鳳池老師，通過

《心理訪談》節目把心理諮商帶向千家萬戶，也幸好是他們，樹立了心理學界的正氣。」

我對這句話頗有感觸。阿果所說的正氣我理解為，心理諮商是讓來訪者願意接納自己、內心更和諧的解釋系統。

所以，當馬春輝女士把整理李老師遺留之作的重任交付於我，我當然會有壓力，不僅僅是天賦、智慧才識、技術上的差距，更有經歷、體驗上的鴻溝，深怕不能準確傳達李老師的精神。在惴惴不安、躊躇難行之際，感謝馬老師無條件的信任，感謝那麼多老師、朋友（這將是一長串的名單，在此不一一表述）背後的默默支持。

我也相信，如果李老師地下有知，也一定會像以往一樣，鼓勵我說：「小胡，你做得很好啊。」

——反正他只會讓別人的壓力更小，感覺更好。

那麼，就全力以赴並義無反顧吧——反正這是要走的路。

親愛的讀者們，若本書中有任何疏漏之處，敬請批評指正。

學生：胡素卿

（胡素卿：中國國家二級心理諮商師，家庭治療師，高級企業EAP執行師。

師從李子勛先生，李子勛後現代整合應用課程督導師。）

自序　心理學提供了什麼給我們

我算是非常迷戀精神分析，因為迷戀才會對它不滿，渴望創造出些東西來讓它完美。我削弱精神分析中的理性、歸因、決定、因果色彩，把人類學、社會學、歷史學、哲學、宗教信仰、靈性、複雜的動態納入精神分析，希望精神分析這棵大樹更加蓬勃生長。

我講課的時候坦承自己內心是分析性的。我常會陷入一種困惑，就是試圖用理性來解讀感覺。感覺不是通約模型，卻要透過通約的理解去解釋，這的確很精神分析。精神分析的核心就是關注人的感覺，最常做的訓練就是感覺分析。我們只能通過言語、事例、一些關係模型和分類來解讀與理解感覺的分析。可惜人們卻把注意力放在言語、事例、模型和分類上，把解釋當作真理，忘掉了解釋的目的，忘掉了精神分析的目的是要提高我們感覺的能力，而不是解釋的能力。這是殼與核、法與道的關係。所有感覺都是不可描述的，道不可言傳，感覺只能經由感覺去捕捉，捕捉到的感覺還是不知道其來源是自己或是對方，抑或兩人共有。

在諮商環境中，所有感覺都來自共同創造，我們修正自己的感覺時，來訪者的感覺也在改變。

客觀地說，沒有精神分析就沒有心理學。在佛洛依德之前，心理學一直沿用哲學的言語，直到佛洛依德創立的精神分析語言系統讓心理學完全與哲學剝離，成為一門獨立的學問。

不管何門何派，只要討論心理學，都得使用精神分析的語言系統。精神分析產生於科學主義盛行的維多利亞時期，所以在它的理論中蘊涵著歸因論、決定論等物理學的線性思維邏輯是非常正常的。因為只有如此，精神分析才能生存下來。由於精神分析是歸因的，問題取向當然也是。但討論問題並不是導向解決問題，而是導向鬆懈對問題的感覺，感覺變了，問題也就不成其為問題。討論問題的方式其實只是達成我們內心成長的工具或路徑，不是目的。精神分析為了理論的系統，多少會有一些刻板分類與模型化，不然就不成其為系統。面對來訪者，諮商師會以「當下關係」的特徵，讓自己靈動地發展出千變萬化的策略來對應。心理學帶給人的是一種不用依靠他人、不依靠環境、不依靠物質也能獲得的自在之樂。全然接納自己，全然接納外部世界。有時候，心理學家似乎更顯得孤獨或者怪異，人們可能認為他不健康，但他卻在生命自然呈現的狀態中快樂並享受著生命。

心理健康是什麼？內心的接納度，現實的適應度，人際關係的寬容度，再加上讓自己快樂的能力。這就是我理解的心理健康。

如果讀心理學的書，反倒更不接納自己，那麼最好不要讀這些書。不過，你也不能把自己的經驗看成人類普遍的經驗。要用感覺去閱讀感覺分析的書，不要用固著的理性去理解。同樣，宣傳心理健康不是宣傳心理知識，而是傳播一種心態，以善意的、自在的方式完成自我生命的昇華，並獲得豁達的生活觀。

生活類似一種禪修，起初，我們各自以參禪為目的，經過一番歷練、漸修與頓悟，才知道生命是以自在的形式存在於當下，沒有明天，只有今天。當下就不會有價值的判斷，沒有什麼是好的，沒有什麼是壞的，就像土壤內含有的物質對樹木來說，只有需要的與不那麼需要的。即便是不需要的成分也穩固樹木的根系，支撐著樹木抵禦風寒雨露、地動山搖的侵蝕。

在這本書，我期待用一種多元文化視角來解讀生活中的麻煩，很多人與自己、人與人，或者人與親情、社會、自然間有衝突，因為我們認為它是問題才存在，因為在意才深受影響。很多問題是被我們有問題的觀察方式創造出來的，改變一種觀察方式或許就不會有問題，甚至麻煩或許也會成為生活的滋養。那麼，如何重新解讀問題、重新定義問題呢？讀者可跟隨我慢慢去熟悉這些方式。

讀書，讀什麼書？用什麼方式讀？是讀者自我觀照的奇妙過程。

我想通過這本書傳達一個概念：生活需要的是智慧而不是技巧。任何生活的經歷都是生命的構成，沒有多餘，也沒有不恰當的。生命的價值正是人在生命歷程中集結的全部體驗，體驗過就活過，生命結束的時候，人不曾後悔做過什麼，但也許會後悔自己有什麼該做卻沒做的。

如果本書對讀者有一星半點的幫助，能夠引發讀者以靈動創意的心態去應對各自的生活情景，我將深感欣慰。我堅信人與人之間的矛盾大多來自於我們沒有意識到個體閱歷與他人閱歷間存在著差異，生活法則並不存在所謂的同一性或通約性。人生這條道路上沒有專家，能夠與讀者進行些許分享，吾心足矣。

目錄

前言 005
自序 010

CHAPTER 1
我們生來孤獨
對身體的不滿是心靈最痛苦的事 022
生命深層的孤獨感是什麼 027
如何讓自己快樂 031
給早晨醒來不開心的你 036

CHAPTER 2
自我探索與做自己
人的自我是由關係決定 040
女人從幾歲開始做自己 044
追不追求完美應依年齡而定 048

自我探索的意義和方法 052
氣場從哪裡來 055
「多面性」思維帶來的改變 059
安全感來自你選定的文化 062

CHAPTER 3
生命中的情緒
童年創傷：記憶並不可靠 066
生命也需要害怕來滋養 073
我們是否需要後悔 076
需要因為性格而苦惱嗎 082

CHAPTER 4
愛上愛情
婚姻該有的味道 088
更新體驗與經歷會讓愛變聰明 090

獲得兼具包容和共鳴的交流 095

CHAPTER 5

別讓愛情敗給細節

跟另一半更適合當朋友嗎 102
如何鼓勵另一半 105
性與愛的饑渴與挫敗 108
愛情的不信任危機 112
愛上誰不難，難在為什麼會愛 115
如何理解婚姻 118
婚姻中要不要ＡＡ制 123

CHAPTER 6

溫柔地堅持，成熟的婚姻就會到來

溫柔地堅持，婚姻終會成熟 128
親密感的邊界 131

請敬畏生命 134
生命的滋養和動力 137

CHAPTER 7
取悅他人不如堅持自我

遇到偏心的上司 142
總是與上司意見不一致 146
現代職場生存法則 150
做一個決策果敢、行事謹慎的管理者 154
內向者的職場之道 157
在職場，做個有影響力的人 160

CHAPTER 8
生活，才是真實的自我

如何當不焦慮的好媽媽 164
生存靠技術，生活靠藝術 169

經常「換個頻道」生活 175
敏感的人要這樣社交 178
潛意識裡的敵意 182
識別好友主要看行動 187
我愛你因為我們彼此相似 189

CHAPTER 1

我們生來孤獨

對身體的不滿是心靈最痛苦的事

◆當你善待自己的身體，健康的身體會讓你的心靈恢復平靜。

我想跟大家分享我對生命的態度和看法。

生命本身是一種存在，它唯一的特性就是時間性。生命的時間序列有一種循環的意義，看起來它是直線漸進式的，實際上是弧形迴旋式的。誕生、發育、幼稚、成長、成熟、愛情、生育、撫養、中年、疾病、衰老、死亡……生命的循環最終回到原點。如果說生命是一種完成，那麼人只要在生命的每一個時間序列中，自然地按照生命本身的狀態去實現生命的意義就好。

健康的觀念來源於醫學，某些生命存在的狀態被看作是好的，某些被看作是不好的。標準有兩個：第一，生命持續的長短；第二，生存的品質。

醫學一直把疾病與健康看成兩個對立，也許疾病正是健康的一部分，沒有疾病的健康與沒有健康的疾病一樣，是生命一種不那麼正常的狀態。醫學是一種統計學，是利用資料統計的正態分布區域來區分正常與不正常，但人類對生命的本質還知之甚少，醫學也只是對生命狀態的一種解釋系統。雖然醫學是借助實證的生命研究，但對於這些研究的結果，人類還只能在自己有限的認知下進行觀察、解釋與理解。近代醫學似乎還有一種瘋狂，企圖發現讓人可以永保持健康的祕密，如改變基因位點、引入長壽的基因酶等。

如果買到的不是自己合用的東西，就失去購買的意義，不但白白浪費了時間、金錢和勞力，也徒增不好的回憶。

其實完全健康的人只存在於健康理論中，每個健康的人同時又處在不健康中。相對而言，健康並不是生命的常態，生命的常態是不斷地更新、衰老，所以疾病、不健康才是生命的常態。正如幸福、滿足、自由、快樂不是生活的常態一樣，身體完全沒病是不可能的。沒病只是一種自我安慰，從基因學層面來說，你的病在媽媽肚子裡就有根源了，脫離母體你就開始面對死亡。

對死亡恐懼的人本質上也是在恐懼中活著，因為生與死同體、同源、同根，是同一部分。

生死不是對立的，生不是緣，死也不是果，珍惜生命本身，活在每一刻就是接納了死亡。

有時候，人們恐懼活著可能比恐懼死亡更強，自殺這種行為無論是在人類還是自然界其他生命系統中都廣泛存在。從美感角度來說，科學和醫學醜化了死亡，宗教可能神化了它，而戲劇與文學似乎更樂意用嘲笑、戲弄、調侃的方式來美化它。其實死亡是一種存在，正如生是一種存在，不以人的意志為轉移，過多思考死亡無異於浪費生命。

很可能的情況是，你失去了部分健康，卻得到了完全的幸福和快樂的感受。每個從死亡中脫身的人，都有鳳凰涅槃似的新生感，他們會重新審視自我並開始善待生命。

古人說：「未知生，焉知死？」過早關注死亡這個概念不一定是好事，很多表示看破生死、接納死亡的人也許不知死為何物，只是用這樣的心態隔離或者減輕對死亡的焦慮感。

我個人覺得有一個問題很有意義：「假如生命還剩下一天，我會做什麼？」這樣的問題逼迫我們珍惜每一刻，不再花費時間去恐懼死亡。人只有在死神來臨時才知道自己是否真的會去擁抱它，也許痛苦萬狀、萬念俱灰且心無存念、情無顧盼的人更容易接受死神的造訪。在這個意義上，人只要保持旺盛的渴望、不斬斷情感的羈絆並保持創造的動力，死神也許就不願過早地來敲你的門。

善待生命的首要任務是善待自己的身體。

我們要學會善待自己的身體，身體是自我一個重要的部分，不喜歡自己身體或者不珍惜自己身體的人，從心理層面分析就是不接納自己。

在八仙傳說中，鐵拐李原本是一個英俊瀟灑的男人，他修煉成功後原神可以開竅出去神遊。他對座下弟子說，為師修煉成功，原神要出去遊歷天境，這一年你們要好生看護為師的身體，等我回來。由於仙境太美，鐵拐李流連忘返，忘記了時間。過了一年，徒弟們以為師父不是遊歷，是真的死了，非常傷心，於是燒掉了他的身體。鐵拐李回來的時候，找不到自己的身體，大驚失色，追著徒弟大喊「還我殼來」，最後只好棲身在一個因受凍受餓死亡的瘸子身體裡。這就是風流倜儻的他最終成為八仙中最醜之人的原因。如果不善待自己的身體，對身體的不滿將會是心靈最痛苦的事。

有時候我們會感覺很困惑，仿佛失去了快樂的能力，其實最簡單的解決辦法是讓身體高興。當你善待自己的身體，身體的健康會讓你的心靈恢復平靜。人最終是孤獨的，社交在某種心理層面上也是為了逃避孤獨。

生命深層的孤獨感是什麼

◆人終究是孤獨的，社交在某種心理層面上也是為了逃避孤獨。

疏離感其實來源於生命深層的孤獨感。

人終究是孤獨的，社交在某種心理層面上也是為了逃避孤獨。一個人即便擁有眾多好友，依然擺脫不了孤獨的煎熬。不喜歡或者不善於社交的人恰好是不太怕孤獨的人，他們更能面對孤獨與寂寞，自在地活著。

人類所有的社會建構與社交行為，如談戀愛、結婚、交朋友、運動、培養興趣愛好、參加社會團體等，實際上還是被孤獨感驅動著的回避行為，只是社會賦予這些行為正面的意義而已。

人們經常會被自己的擔心欺騙。大學時，學校每個週末都有學生舞會，作為男生，我特別害怕被拒絕，只要對方稍有遲疑我就會趕緊落荒而逃，結果大家都說我孤傲。其實很多女生都期望我去邀請她們，只是看到我猶豫不絕，以為我不情願，結果也表現出勉強。可見人是被自己的敏感所打敗。

很多時候，我們會無意識地表現出一種退縮情緒，讓別人不敢靠近，反過來又證明自己真的不被喜歡和不被接納，生活中這樣的情況比比皆是。人必須相信自己是被喜歡的，才能感覺到自己是真的被喜歡。如果假定自己不受歡迎，那麼感受到的也會是不被歡迎。

認知心理學認為，感覺到的東西是自己的一部分，跟他人沒有太大關係。如果你總把感覺到的當真實，那麼你會時時處在社交焦慮之中。解決的辦法是尋找與你一樣落單的人，相信對方渴望你的接近，也許你不需要太多的朋友、太多的社交應酬，但交幾個朋友還是需要考慮的。

＊　＊　＊

疏離感還有一種表現，就是常讓人有一種找不到根的感覺，這種沒有歸屬的疏離感同樣來源於人類在宇宙中的孤獨。**人類從哪裡來，要到哪裡去，是潛藏在人類意識深處**

的一種戰慄。不知道自己是誰，不知道自己從哪裡來，或者要到哪裡去，這些答案正是人自我認知的哲學境界。

不過，對生命浮萍般的感覺也許是一種至高的存在感，生命是流動的，它在特定的時間空間交匯點上呈現出形態，也在特定的社會人際關係中實現其意義。我是四川人，但我在北京工作的時間已經遠超過待在故鄉的時間。在北京，我覺得自己是四川人，在老家，我又覺得自己不屬於那裡，感覺自己是北京人。

＊　＊　＊

活著的理由是自己找給自己的。快樂、愛、激情和幸福感都應該存在於你的內心，再從你的內心世界發射出來，透過你身邊人、事的回饋，讓你產生美好的感覺。正如你看得到五彩繽紛的世界是因為你的眼睛擁有良好的視力。你可能不算是一個幸運者，能讓你自豪的東西可能不多，但人最大的不幸是失去對自我的愉悅。

在哲學的意義上，「有」和「沒有」是同時存在的，「有」意味著你很快會失去，「沒有」意味著你很快會得到或會有更好的補償。

有位禪師講過這樣一個故事：他去旅行，到一個旅店住宿。店老闆對他說：「我有兩個妻子，一個很美，一個很醜，但我喜歡的卻是醜的那位。」禪師問：「為什麼呢？」店老闆說：「那個美的老婆太在意她的美麗，使她變得很醜；而另一個意識到自己的不足，行為舉止和內心都顯得很美。」意識到自己美麗的時候你可能就失去了它；意識到自己不美麗的時候，也許你正在獲得它。

如何讓自己快樂

◆快樂有時像套在脖子上的餅，你須要自己往前，餅不會自動跑到你口中來讓你快樂。

古人說：「魚，我所欲也；熊掌，亦我所欲也。二者不可得兼，舍魚而取熊掌者也。」人的各種行為中隱藏著人的各種欲求，做還是不做、這樣做還是那樣做，內心都會有一個考量，有一個選擇。人的思維有一定的模式，不是做什麼有問題，而是用這樣的模式去思考有問題。這是一種非此即彼的思維，不是這樣就是那樣，沒有第三種情形。

人類的文明正是針對克制或者節制欲望來發展的，欲望是生物的本能——自行其是，文明是社會的本質——自我約束，人是在兩者之間選擇自己的生活。所以最好不要經常使用順從、壓抑等詞彙，這些詞彙隱含的感受是放棄自我，當然是不愉快的。

痛苦與快樂的意義是什麼？人類的痛苦與快樂在生物學看來是一樣的，都是腦內啡的聚集與釋放，神經心理的過程都是一樣的。事實上，人類選擇痛苦的目的仍是快樂，痛苦變小的時候快樂便隨之而來。登山的人經歷長久的苦痛與勞累，登頂以後才會有長久的喜悅與放鬆。

心理學一直研究人類欲望實現中緊張—痛苦—釋放—快樂的過程，沒有緊張就沒有釋放，兩者相輔相成。放棄痛苦的人意味著也放棄了快樂，人要追求快樂，就要先去體驗痛苦。

當然很多時候這個過程會反過來，人得到一個很大的快樂，快樂過後是漫長的壓抑—平淡—乏味。人們在達成與滿足欲望以後，會處在一種恍惚狀態，突然感覺經歷所有努力後得到的一切並沒有什麼意義，這種無意義感是一種後物欲時代的流行病*。

富裕的人有時比貧窮者活得更不快樂，因為滿足物欲會讓精神變空虛。人不是僅享受物質就可以快樂，快樂是個精神活動，**只有精神活動才會帶來永恆的愉悅感**。人需要精神動力，追求、好奇、冒險、衝動、不滿足會帶來焦慮與緊張，當某些事件可以讓人釋放焦慮，我們的內心就會體驗到快樂！對某些人來說，重複簡單的生活方式是自己所

＊註：指解決溫飽後，產生出空虛與無聊，人類會以過度消費或尋求刺激來消解無聊與空虛感。

追求的，因此他會感覺舒適與安逸，如果你不是這樣的人，那麼在生活中你需要一些刺激，我建議你可以獨自去度假，到一個陌生的地方待上一陣子，接觸一些新鮮的人與事，看看是否能夠改善情緒。如果有效，週期性的外出可能是平衡你內心的有效方式。

簡單重複的生活會構成一種資訊堆積，使我們寢食難安，情緒憂鬱也由此而生。刺激與變化會激發生命的潛能。有個遠洋捕魚的故事，說滿艙沙丁魚在回歸的路途中紛紛死亡。漁民們放進幾條鯰魚，鯰魚好動，又吃沙丁魚，艙裡的魚因而驚恐並不斷逃避，就能在漫長的歸途中保持新鮮。平靜生活中能否感覺到快樂是由我們內在的動力系統決定，生命是一種能量，每個生命可能處在不同的能量態勢中，能量低的人不喜歡變化，能量高的人不喜歡刻板，對不同的人來說，兩種狀態都可能是致命的。

* * *

對快樂、幸福、滿足的心理體驗歷來有兩種態度，一是主觀的快樂，稱為樂觀主義，快樂不需要任何標準，快樂是人生的目的。內心超然的人對快樂的體驗與創造力就很強。一個沒有錢買鞋的人，會感激自己還有一雙健全的腳，比起那些沒有腳的人應該是非常知足的。

演員范偉說：「幸福就是你餓的時候，看到有人在吃烤地瓜，那人比你幸福；你想如廁的時候，先占著廁所的人比你幸福。」這樣的話體現出一種現實主義的快樂，或稱功利主義的快樂。快樂是一種當下的享受，快樂有一種共同的標準或集體認同，是可以度量的。

快樂有時像套在脖子上的餅，你須要自己往前，餅不會自動跑到你口中來讓你快樂。現在很多修身養性、禪修打坐的訓練，目的是增強人對快樂的體驗力，喜樂就在你心中，你需要從內心去尋找。

一個人如果想真正獲得快樂，就要感激身邊的一切，不僅感激那些幫助你的人，還要感激那些曾經為難你、讓你痛苦的人，這樣任就誰也拿不走你的快樂。就我個人來說，完全贊成樂觀主義的阿Q式快樂不如倫理學家彌爾（John Stuart Mill）所說：「**做不滿足的蘇格拉底要比做滿足的豬更快樂**。」年輕的時候，快樂著，同時也壓抑、痛苦著，在生命發展階段該經歷的競爭、壓力、不滿足、不快樂都是一種動力，沒有痛苦的逼迫，人不會到達幸福的彼岸。設立一個較大的興趣或追求的目標，讓內心的能量有一個指向，你就能開心起來。

給早晨醒來不開心的你

◆設立一個較大的興趣或追求的目標，讓內心的能量有一個指向，你就能開心起來。

近日有個好朋友跟我訴苦，說不知道為什麼最近每天清晨醒來時總是不開心。腦袋裡總是浮現出感情、生活、工作中一些不開心的事，一些負面的情緒如失戀的痛苦、工作的不如意、對親人身體健康的擔憂等無法控制地一一浮現出來，感覺心裡非常不舒服。但只要起床後，讓自己忙碌起來，或是調整一下自我主觀，就會歸於平淡。想起來以前講課的時候，也有學生曾問到這個問題，以下就來談談這種情緒吧。

習慣早起運動的人，如果一天不運動全身會不舒服，習慣自謙的人一日不「三省吾身」就不自在。習慣關注自己負面情緒的人，總是能感受到這些情緒在內心出現，問題在於：「是誰讓你去想這些不開心的事呢？」不要告訴我是憂鬱讓你這樣做的，如果我們給自己的煩惱找到一個外部的理由，要擺脫它就會變得異常困難。一個學生問他的哲學老師：「為什麼我總感覺不到自己的存在？」老師回答：「是誰在感覺？」記憶中的不愉快是與我們身體的不愉快相連，因此，我們可以給早上的不良情緒找到一個看起來好一些的理由。

晚上睡眠品質不佳的人，早上起來心情會差一點。睡不好的原因有很多，比如，打鼾、鼻塞造成身體缺氧，不正確的睡姿讓身體某些部位無法妥善休息，尤其是不合適的枕頭。晚睡或睡前吃太多、宿醉、磨牙、做噩夢等都會造成睡眠品質不好。換一張床，換一個房間，換一種睡姿，或者換一種入睡方式等等，看看情況會不會好轉。如果不行，就換一種思維，問問自己：「早起的情緒對我的現實層面有影響嗎？我的生活會因此改變嗎？會有什麼樣的改變呢？自己不喜歡哪些改變，哪些改變又是求之不得的呢？如果這種情況註定一輩子都會存在，我還需要在意它嗎？我能堅持我喜歡的生活嗎？如果不能，是誰讓我無法堅持的呢？」問完自己這些問題你應該會好受一點。但前提是不要認為自己病了，或是自己心態不好才這樣，因為這樣想就會失去改變自己的能力。

失戀、工作不穩定、親人身體不佳，正是因為出現這些情況，內心能量才變得渙散、難以聚集，所以早上才如此沮喪。

以哲學意義上想，**人類正是逃避不愉快，逃避孤獨，逃避痛苦，逃避無意義感，才努力去工作、創造、戀愛、社交，並創造出如今美好的世界。**晨間的不愉快是在你投入工作、生活、人際交往時才離開你，這對你不是個啟示嗎？你是否需要設立一個較大的興趣或追求的目標，讓內心的能量有一個指向？

當我們真正把心智投注在一件我們喜歡的事情上，那麼只要還有一絲意識，我們就會沉醉於斯。當你把眼光投注得遠一點，每天一醒來就給自己一個祝福，為自己放一曲輕快的音樂，為自己做一份可口的早餐，對著鏡子裡的自己說：「無論滄海桑田，我都會喜歡你！」如果做到這樣，晨起的時候，就不會再有任何不快進入你的意識了。

CHAPTER 2

自我探索與做自己

人的自我是由關係決定

◆人總是活在關係中，你的「在」與對方的「在」共同構成了一種關係現實。

「重新做回自己」這種說法好像很流行，但這卻是一個很無趣的話題。問問「現在的我是我嗎？」你馬上會意識到現在的你也是你。人不可能回到過去，「做回自己」、「自我成長」更像是心理學商業推銷的一個美妙陷阱。人沒有什麼恆定的自我，人的自我是由關係決定的。一個十惡不赦的罪犯面對父母妻女呈現出的自我也許是他至真至善、有情有義的那一面，這也是他自我的一部分，沒有哪一面是真，哪一面為假。電影《浩劫重生》（*Cast Away*）告訴我們，一個人孤獨地面對大自然的時候，必然會喪失社會人性、回歸動物屬性。

人總是活在關係中，你的「在」與對方的「在」共同構成了一種關係現實。遇到強勢的老闆，你展現出隱忍、潛藏、包容、大度的一面，恰好是一種最佳的自我狀態。如果人不那麼盲從，憑藉理性、價值觀、大腦的思維與判斷，生命會自然找到解困之道。人的痛苦應該是觀念造成的，做什麼或不做什麼，關鍵是看你能做什麼，不是想做什麼。如果一個強勢的老闆把你變成了沒有工作積極性的人，那麼只能說明是你在人際交往中缺少靈活性與寬容度。想想你在老闆面前收起鋒芒，在同事與家人面前卻依然保持著工作熱誠與快樂心態，那會是一種什麼結果？結果可能是老闆很快會改變對你的態度。如果對你進行心理分析，結論可能是你太在意他人對你的看法，你需要及時被人認可。究其根源，也許是你內心不夠自信。

與權威的關係歷來考驗人的自我成熟度。能屈能伸，該主張時主張，該隱藏時隱藏，這是順勢而為，是人的一種社會適應能力。若缺乏這種能力，人經常會感覺自己受制於他人，受制於環境。其實受約束感不是來源於他人，而是來源於自己對他人隱含的關係渴求沒有得到適時、適度的滿足。

人與人的關係好壞主要是看對對方期待的大小。對他人的期待愈大，這段關係就愈會被他人影響。生活中最常見的權威關係大概就是與老闆的關係，如果你不再期待老闆什麼，老闆對你的影響就會變得很小。

想想你不是在為老闆工作，是在為自己工作。老闆經常會換，生活卻始終是自己的。老闆不會對你的生活負責，你卻要對自己的生活負責，把責任推給別人，其實也是自己不想為自己的行為負責。

與老闆的關係只是生活的一部分，不是全部。保持這樣的關係也許更能提升社會適應能力，自己是可以從中獲益的。

＊　＊　＊

從另一個角度來講，嫉妒、焦慮、不滿都是人類的正常情緒，不過，這些情緒存在的同時，我們也擁有更多的正面情緒，如欣賞、滿足、愉悅等。人類的情緒原本都是混雜的，同時生成，彼此影響、制約、平衡，關鍵是理解自己情緒所選擇的語言。**語言就像是一個杯子，情緒是水，用什麼杯子去盛水，情緒看起來就是什麼樣子**。

人每天都在自我更新，納入新的感受，替代舊的情懷，如果只用已知的自我去解釋當下或者未來的自己，即便你長成了一顆參天大樹，自我感覺卻仍是一棵稚嫩的樹苗。

有一個禪理故事是：「一頭大象小時候被一根鐵鏈拴著，牠曾拼命掙扎過，但失敗了。等牠長成一頭高大有力的成年大象，只要輕抬腳掌就可以掙斷那根鐵鏈，但牠卻沒有再去嘗試。」我們也時常被過去的那根細細鐵鏈困擾著，以為自己不管怎樣都掙不脫，其實限制我們的正好是已知的經驗。學習在未知境界中去遇見自己，這是成長中必須學會的本事。

女人從幾歲開始做自己

◆其實改變不是年齡的問題，而是能力與機遇的問題。

「女人從幾歲開始做自己？」這是一個好問題。

一個女人不再在意別人的喜歡與否，不為社會的期待、物欲、性欲、榮譽所壓迫的時候，就可以真正做自己了。

在當今社會的期待下，女性的生命形式在不同年齡呈現不同光彩。年幼時，女孩要乖、要懂事、要孝順父母、不給家庭添亂。年少時，女孩要知道學習上進、要品行端正、在學校要尊重老師。女孩的言行透出家庭的教養，懂得言不輕狂，行要得體。青春期時，女孩要懂得自愛、節制、尊重他人、個性獨立而不張揚，親情、友情、愛情簡單純樸，出淤泥而不染，有見識而不爭。成年以後，事業、婚姻、家庭兼顧，盡心、盡責、盡力，懂得自尊而不輕慢他人，自信而不驕傲，自強而不炫耀。女人就這樣度過了她三分之一的生命。

從生理與心理的角度看，女人一般在三十五歲前後才開始活出自己，有了自己的味道。欲望中有了平常心，感情中有了自愛心，事業上有了自知心。

年輕女子以可愛悅人，成熟女子則以美麗動人。女人漂亮、性感當然好，但不是每一個女子都能既漂亮又性感。漂亮性感是天賦的財富，不過正如錢多的人不一定會快樂，漂亮的女人也需要努力才能獲得幸福。

每一個女人都可以變得美麗，美麗指的是女性的修養與德行，智慧而不失謙和，堅定而不失溫婉，內斂而不失大度。舉手投足間那一種優雅，一顰一笑中那一份從容，好女人不彰顯漂亮，卻在意魅力。女性魅力是一種極致的美，如玫瑰的芬芳，淡雅而悠長，迎面而過如柔風拂面，細雨潤體，清爽而舒適，讓人過目久久難忘。有魅力的女人是王者，不管多強悍的男人都樂於臣服，這樣的女性也算活出了自己，知道做什麼、不做什麼，要什麼、不要什麼。

天下女人有幾個敢真正捨棄一切，輕鬆與昨日告別？

佛家所說「鳳凰涅槃」正是這樣的境界。三十歲的女人擁有足夠的智慧、能力、健康與激情，就能擁有自我更新的膽識。平常女子大多喜歡維持一種生活的穩定，哪怕再婚、再就業，或者移民，生活還是一樣，改變的只是生存環境，自我也還是那個自我。真正的「自我蛻變」不是形而上的，而是把「成為社會、他人喜歡的人轉變為成為自己喜歡的自己」。這種轉變的核心是在心理，而不是形式上的。

＊　＊　＊

好的轉變是對自我生命的一種尊重與珍惜，一種擴展與延伸，這是心理學非常崇尚的理念。完美的人生需要這樣的改變，在有限的生命中活出無限的體驗來。就存在的意義來說，體驗的事情愈多，生命的內涵也愈豐富。一個人在一個狹小的地方，重複地活了一百歲，在存在的意義上卻只活了一天。世界是什麼？人情世故為何？酸甜苦辣、悲歡離合都不自知，活著無異於死。

「自我實現」一直是當下人們喜歡掛在嘴邊的詞，有時候自我實現不代表改變生活，也可能是改變心境。從不滿足到滿足，或從滿足到不滿足。從見山是山，到見山不是山，再到見山還是山，山還是那山，人還是那人，自我已今非昔比。

人到中年，如何找到自己想做的事？四十歲以後再想改變算不算太晚？其實改變不是年齡的問題，而是能力與機遇的問題。生活中總會遭遇些什麼，不逃避就是一種更新。生活中的改變有時是因為命定，你想或者不想，改變都會來。有時是因為性格，生命不願停留在一個地方，待久了哪怕是伊甸園也感覺是圍城。

生命猶如旅途，每個人都是旅客，經歷不同的風景才是生命遊歷的真諦。如果遇到一個美景，生命從此流連忘返，那麼生活的樂章就只是休止符。**人生如戲，有表演派與體驗派兩種活法**。表演的人內心永遠是自己，不管他的什麼行頭，化的什麼妝，演的什麼角色。體驗的人演什麼就是什麼，內心是不同的，沒有角色感，演的正是自己。

時時「遇見未知的自己」，才是女性保持一生美麗的唯一法門。

追不追求完美應依年齡而定

◆愈追求完美的人，內心愈要保持一種個人主義身心發展才能平衡。

追不追求完美應依年齡而定，**當一個生命還年輕，完美主義是一種自我發展的動力**。完美的過程實際上是認同社會主流文化的過程，而不是自我價值體現的過程，兩者不能混同。在生命的早期階段，人的自我是比較自由和自行其是的，文化把這樣的行為稱為不夠完善或完美。所以，我們需要服從社會規則，遵從主流文化的價值取向，慢慢把內心變得有序，或有規則可循。這個時候我們不得不放棄一點個性，放棄一點自我甚至自尊去隨同、謙虛、無私、克己，去讓別人喜歡。這時我們也只能依靠朋友、同事、親人的贊許認同來驗證自己是否完美。

人是一種人際關係「動物」，必須生活在人際關係層面，人際關係的互動構成人們的自我感和自我觀念。同時，人每時每刻都會對身邊的他人存在著「關係聯想」，這是一種精神自慰式的自我安慰。想像別人對自己有感覺，憑空就有了對自己的良好感覺。喜歡自己的人，也容易喜歡上別人；尊重自己的人，也願意尊重他人。反過來，內心缺少自愛的人，很難感覺到別人喜歡他；內心沒有自尊的人，會感覺別人瞧不起他，這是一種心理同化效應。而愚蠢的人老是裝聰明，自卑的人會做出極高傲的樣子，膽怯的人喜歡做一些讓別人害怕的表情，這是心理補償，愈是內在缺乏的東西，愈想讓別人以為自己擁有。

心理學把關注別人的評價和看法看成是一種透過壓抑自我來尋求融入他人的能力，所以沒有什麼不好。當人成長到一定的階段，精神豐滿了，對社會的適應日趨完善，知識和經驗也讓我們有了取之不盡的內在資源和動力，別人的評價看起來就不那麼重要了。我們的自我意識開始覺醒，我們又開始重新審視自我，重視個性，發現自己與眾不同。那個時候，我們不再害怕和他人的差異，故意保持一些差異來感覺自己是很重要的。不要忘了完美的目的是適應社會，而非改變自我的價值取向。

實現自我需要靠發展自我意識，而非關注他人的看法，這是非常個人的領域。人必須在完美主義與個人主義兩個極端中搖擺，愈追求完美的人，內心愈要保持一種個人主義身心發展才能平衡。

＊　＊　＊

人活在與人的關係層面，如果失去所有與人的關係，那麼人也就失去了做人的意義。在所有與人的關係中，我們會重視一些關係，看輕一些關係，不同的關係在我們心裡有不同的心理位置。人沒有真實的自我，只有關係中的我，在上司面前我們是下屬，在下屬面前我們是上司；在父母面前我們是孩子，在孩子面前我們是父母。面對人類，我們是其中的一分子；面對自己，身體是我們的一部分。

在意他人的人首先在倫理上是優越的，因為一個社會的基本倫理就是自己的言行不影響他人的感受與利益。在意自己想法的人，在心理上有一種優越感，因為你對自己坦誠就是對他人坦誠，你會贏得尊重與理解。東方文化比較推崇克己復禮，整個儒學正是教導大家如何做人的學識。相對於此西方文化則比較重自我，認為有個性與主張的人才算是個人。

在與德國老師的相處中，我一開始是按照東方文化行事，凡事都為老師考慮，基本上不麻煩他，與他聊天也只談他感興趣的話題，結果老師說和我在一起不開心。我心想，我圍著你轉，你應該很開心啊。但老師說，跟我在一起，他始終不知道我內心在想什麼，想要什麼，覺得很乏味。讓別人舒服是根植我內心深處的想法。我曾經在家宴請一對美國夫妻，很忙亂地做西餐，播美國電影，請他們吃美國的開心果，我以為這樣待客很到位。結果對方卻很不以為然，說他們想吃川菜，看越劇，嗑瓜子。後來我明白要展現真實的自我，沒有真誠交不了朋友。

在意別人的想法不是要臣服於人，若如此，平等關係中的美妙與敦厚你會視而不見、充耳不聞。人要在「在意別人與尊重自己」之間尋找一個適合自己的方式，不要走向兩個極端。無法解決的時候，可以給自己一個原則：**關鍵的問題聽自己的，枝節的問題聽別人的建議。這樣你就既在意了別人又尊重了自己。**

自我探索的意義和方法

◆自我探索就是擴大知覺的能力與範圍，從對自我的知覺展開對宇宙和生命的探索。

「自我探索」變成了一個時髦的詞語，但我猜大部分人並不瞭解自我探索真正的意義與方法。

現在市面上一部分流行的自我成長團體不能算是自我探索，只能說是用心理分析，或者用被篡改、誤讀的心理學語言去重新編譯、建構我們的過去。這樣的自我探索充滿了創傷感和悲切，儘管這樣的探索背後有所謂的整合與療傷，但據我的經驗，「老師」把更多精力放在了「發現」你的問題上，把痊癒的責任更多地推給了你自己。這就是為什麼自我探索會激發人們更多的負面情緒，加深人的失落感，因為人的傷口被打開，沒有人告訴我們該怎麼把它縫合好。

自我探索有兩種形式。

第一種是按照一種理論或言語模型去梳理自己的過去與現在，內心與現實，自我與人際。這樣的探索不是探索，而是重新把自己言語化，因為結論是現成的，你只需要知道，不需要思考。儘管這樣的重新解構是一種對過去的解放，會讓人在短時間內有一種釋放感，但是好景不長，新的言語詮釋又會像枷鎖一樣讓你失去被解放的滋味。

我對市面上那些收費頗高的自我成長團體頗有疑議，懷疑有些「老師」是否真的具有讓人開悟的能力。更讓我擔心的是，自我成長與探索需要自身的能量，有時候是一種自然而發的過程，不是靠大師提攜就可以輕易達成。

有沒有更深的自我，或者有沒有確實的自我邊界，心理學至今都說不清，或不能自圓其說。人能夠感覺到的自我仍然是自我的投影——鏡像自我，不是真的自我。那麼深度分析出來的自我部分是真實自我還是被某種言語建構的「客體」自我呢？

第二種自我探索是對自我的覺知，沒有言語、分類、對錯、因果、深淺、前後、輕重、批評與判斷、沒有始終、沒有極向與目的……。

你能知覺的一切都是自我的部分，宇宙、自然、人與物、存在與虛無、生與死、新與舊、個體與整體……你能感覺到的事物都構成你生命的世界、你的自我範疇。

自我探索就是擴大知覺的能力與範圍，類似達摩十年面壁，從對自我的知覺展開對宇宙和生命的探索。從人成為「神」的過程，實際上就是人通過全方位、無條件、無預設立場去接納存在的一切，並用知覺自己內在的方式去知覺整個世界的過程。痛苦是我的，但我不是痛苦；欲望是我的，但我不是欲望。我遠比我知覺到的東西更豐富。

真正的自我探索無法借助語言（心理分析是很暴力的語言），唯一的工具是感覺，唯一的技術是接納與認同，要達到的唯一境界是無限。不然，所謂自我探索出來的結果只是語言產物，還不如那些活得簡單、從不進行自我探索的人。

氣場從哪裡來

◆連接生命與自然，接受天地山水的滋養才能清其氣，壯其場。

人有沒有氣場？

氣場是什麼？

這個議題需要從幾方面去思考。氣場（Aura）是梵語的音譯，意指環繞在人體周邊的能量場。

氣場能顯示出一個人整體的身心狀態，包括健康、心理及心靈修為等。

中醫講人有精、氣、神，為人之三寶。精指的是生命組織的精華，分先天（腎元：先天之本）後天（脾：後天之本），泛指身體中的精、血、液滋養著生命。

氣指身體能量在身體中的運行，推動著身體運動，維持內臟功能，包含吐納之氣在心肺間的浸潤，也包含情緒活動的高低起落；精為陰，氣為陽。

神指心靈的能量，智慧、良知、認知、見識、修養的等級，是充足的精、氣在生命外部的表現。神一般棲身在心，外露在眼，一個人眼睛亮不亮、清不清、明不明、聚不聚神，能夠反映出他的神是怎樣的。

中國戲劇講眼功，要練眼睛的定力、穿透力，需要心神的推動。一般看人閃爍、游離、不定的人，心神的力就沒那麼強。這和儒家文化說人的魅力有些不同，魅力說的是修養——修身、修行、修心的結果。很多人有修養卻不一定氣場強，修養是讓神內斂，身正行正言正，不是為了神而外泄。當然，內斂的神不等於氣場小，內斂的結果往往會使氣場更強大。心理學對氣場的理解可能解釋為心理能量，心理能量其實是一種心智的定力，就像手電筒和燈，手電筒有聚焦所以光亮照得遠，燈卻是耗散的，兩者能量雖然一樣，效果卻不同。愈是危險的時候，心理能力強的人愈鎮定，比較靈敏，對旁人就有某種影響力和感召力，讓旁人願意效仿、跟隨。

道家講養，滋養是說有的人對他人有滋養作用，跟他在一起，身體、情緒、心智都會變好，這樣的人就是氣場好。中國的命書中講五行相合、相生、相剋，也講滋養。木命的人遇見水命的相生，但木重的人反過來卻需要火命的人去化解。因此或許可以認為人的氣場具有特殊性，不是對誰都可以起作用。

拿大自然來說，直下三千尺的瀑布、滔天拍岸的海浪、廣闊浩瀚的星空都有種攝人心魄的氣勢，而廣袤的草原、飄動的白雲、清澈的湖水也有一種讓人心怡的氣場。那麼能否說氣是一種控制，場是一種吸引呢？風景有時就具有某種氣場效應，不論是誰，來到麗江都會情動，去了藏北都會有被天地洗滌乾淨的感受，這是天地自然的場。

如果應用物理學中的能量學說（弦理論），我們可以這樣來理解：宇宙萬物都是能量，以電磁的特性存在於宇宙的每一個角落，並聚集成不同的物體。人類知覺到的外部世界不過是能量的多種聚合形式。

其實生命本就是一種電磁現象，是電磁就會有場效應，就可以在生命個體間傳遞、交換、感應，流動且生成新的電磁形式。在這樣的解釋下，所有物體都有氣場相隨，因為物體、生命都是電磁的，電磁本身就具有一種場效應。氣場大的人正是生命力旺盛的人，因為能量會有場勢，會從高處往低處走，這也是氣場強大的人容易影響別人的原因。

氣場是天生的還是後天的？《3秒鐘被注意，3分鐘被喜愛》（*Charisma*）的美國作家皮克・菲爾說過，「氣場是人獨一無二的精神名片」、「氣場決定命運」等，提到只要我們找到正確的訓練方法，人就會改變自己的氣場，從平庸變為卓越。

我個人覺得訓練改變不了人的氣場，人是自然的產物，人體氣場與大自然的氣場具有同質性。**人要增強自己的氣場能量只能到自然環境中經由提高對自己的覺知，對自然的臣服，靜心於呼吸之間，連接生命與自然，接受天地山水的滋養才能清其氣，壯其場。**如果人只在人類社會中，以功利之心、物欲之念去發展人際影響力、財富吸引力，結果只會過早耗心力，看起來似乎有所得，其實是重大的失去，正如一炷香，若點得過亮，離熄滅的時刻也就不遠了。

「多面性」思維帶來的改變

◆不能把自己感受到的東西強加給別人，而是要好奇為什麼在別人眼裡事物是不同的。

我一直有一個願望，希望我的讀者能學會用一種多元文化視角來解讀生活中的麻煩。以下便跟大家談談何為「多面性」。

事物的多面性可不是只有好和壞兩個方面，每種事物的存在都是自在，不是他在的。如素描一個物體，以在不同角度看過去，其質感、陰影、色澤、光亮度都會明顯不同，不只是正反兩個面。人對事物本身的評價或者觀察都是外部給予的，非物質自在的。好壞、對錯、大小、方圓，都建立在觀察者內在的認知與價值觀基礎上，所以觀察出來的東西已經不是事物本身。

佛家常說「空不為空，實不為實」，《道德經》說「道可道，非常道」，都是在表達這樣的意思。人類的認知能力也限制了對外部客觀物質的認識程度，我們只能聽見、看見、知覺到物質非常狹窄的部分，更多部分是看不見的。

在人際關係的事件中，也有這樣的複雜性，一件事情的發生可能是因為發生了另外一件事，兩者並沒有簡單的因果關係。自從物理學開始從量子科學發展到弦、超弦、暗物質、反物質，整個科學界進入一種重視不確定、忽視確定性、未知比已知更重要的時代。那種機械的唯物主義哲學——因果論、歸因論、決定論、線性哲學已經失去了它的光輝。感覺的真實取代了客觀的真實，因為客觀的真實與真理雖是存在的，但被人們知覺到並描述出來的真實已經不再是那個客觀的真實。現在的哲學家已經不再去爭論誰的理論更能反映或者逼近客觀的真實，而是接受真實可以有不同的解釋。

「不能對觀察的事物有一個確定的結論」正是人類心智進步的結果，而非困惑。人不能把自己感受到的東西強加給別人，而是要好奇為什麼在別人眼裡事物是不同的，查覺到這種差異，堅持自己並欣賞別人的人就是一個聰明的人。

很多婚姻的衝突都源於兩個人在不同家庭文化背景中長大，習慣了對事物不同的看法與感受，結婚以後，總覺得對方是不對、不正確的。雙方各執一詞，爭論不止，破壞了婚姻的和諧與幸福。理解到我們知覺到的事物與我們自己的內心解釋有關，就不會大動干戈。

我看過一個跨文化的婚姻，一名基督徒的美國男子，娶了一位北京女子，二人生了兩個孩子。第一個女孩還好，媽媽很少責罵女孩，也不打她，因為中國文化說女孩要富養，從小培養她高雅的言行和自尊，行為舉止得體就可以了。後來生了個男孩，男孩五歲以後非常淘氣，媽媽就經常責打他。也因為中國文化說男孩要賤養，所以對他嚴格些、不遷就，可以養成男孩為自己的行為負責、不拍挫敗的精神，長大後才能去適應高強度的社會競爭。可是美國爸爸不這樣認為，他非常憤怒太太的做法，認為這樣做毫無理由，也不公平，尤其不能容忍媽媽體罰兒子。於是他到法院申請離婚，理由是太太虐待兒子，太太傷心不已，被家人帶到我的診間接受了幾個月的情緒治療。這就是同一件事情在不同文化背景下的解釋不同。

科學觀察一直可分為現象學、理解學和解釋學幾個方面，關鍵是我們怎麼去理解和怎麼去解釋。解釋一件事情不要太執著於正確，或誰更正確，而要在乎哪種解釋可以帶來更積極、更正面的理解，從而產生更有效、更符合社會與人類利益的行為。所以，觀察事物產生的解釋無關乎正確與否，重點在於是否有效。

安全感來自你選定的文化

◆能被我們意識到的安全感，或能被我們解釋清楚的安全感已經不是本能，而是一種被我們文化詮釋過的安全感。

人類精神世界的發展有賴於兩種內心深層的感覺——一是安全感，二是歸屬感。前者與恐懼（死亡、傷害、痛苦）有關，後者與孤獨（依戀、隔離、無助）有關。為了獲得安全感，人類發明了秩序、規則、法律以及派生的真理、道德意識和善惡觀；為了獲得歸屬感，人類發明了婚姻、社會、國家以及派生的哲學、價值體系、美感與愛情。

一般人無法覺察到原始狀態下的安全感，因為它只是一種內在驅動力，一種逼迫個體無意識警覺危險的本能。在生物試驗中，當危險來臨，意識還沒有運作，身體已經自動出現應急反應。舉一個很簡單的例子——眨眼反應。當異物飛近眼睛，眼瞼的運動並不受意識控制。還有一個例子是高空彈跳，意識讓自己跳下去，但安全需求的本能會讓你的肢體僵硬，你不得不反復說服身體高空彈跳很安全，不然你的身體會拒絕往下跳。

一般能被我們意識到的安全感，或能被我們解釋清楚的安全感已經不是本能，而是一種被我們的文化詮釋過的安全感，兩者不能等同。能意識到的不安全是精神層面的緊張，是我們學習到的文化、價值觀、內心解釋造成的。意識不到的不安全是身體的緊張，如突發的、預感似的恐懼，莫名其妙的慌亂和焦慮。當我們的精神在某種信仰、信念的支撐下過度支配生命能量，憂鬱或焦慮會爆發，逼迫人們躺倒在床上。精神不快樂的時候，身體在休息。

我們只能來解讀被文化定義下的安全感。本能中的安全需求是不能解釋的，因為任何解釋出來的東西已經不是本能本身，而是被文化標定的東西。

那麼，為什麼人們的內心對安全感會有不同的需要呢？這取決於人的內心存在著三個基本假定：一是對世界，二是對人類，三是對自己。

如果假定世界是美好、值得我們珍惜的；假定人類是友善、願意分享、互助與親近的；假定自己是可愛、有價值的，那麼，人的內心就會比較平和，快樂、樂觀的情緒就多，對自我、對他人的要求就比較寬鬆，也願意體驗不同的生活，欣賞不同的文化。如果假定世界是充滿危險的，人類是自私、好鬥的，自己是無意義和脆弱的，你就會有高敏感、沮喪、緊張和害怕，不得不謹小慎微。你會小心恪守某個價值體系、某種規則，不敢越雷池一步，在被選定的文化強迫下生活，唯恐厄運臨頭、噩夢纏身。

安全感來源於我們自己選定的文化，不安全也是被你選擇的文化（價值觀、概念系統、道德感）建構出來的。很多時候，這樣的文化恰巧是主流文化。當你緊張害怕，身體卻不想搭理你，所以讓你沒效率、沒快感、沒激情。

要處理內心的不安全感，唯一要做的就是檢視對自我、社會、人類的基本評價，看看我們行為激發的焦慮和不安全感是意識或內心衝突引發的，還是由身體警覺所喚起的。如果是文化引發的不安全感，唯一有效的方式或許是選擇嘗試新的文化與價值體系。

當一個人選擇的文化觀念是多元、合時宜、有效的，並與個體相匹配，會出現明顯的特徵有：身心協調，心境愉悅，感情充沛，體驗豐富，精力旺盛，什麼人都敢愛，什麼事都敢做，什麼地方都敢去，總在品嘗著自由的感覺。

CHAPTER 3

生命中的情緒

童年創傷：記憶並不可靠

◆討論童年創傷既可以讓人受傷，也可以讓人成長。

童年是成人記憶中的搖籃，不管這個搖籃大小為何，舒適與否，人都會離開它去闖蕩世界。有些人雖已經遠離了童年，心卻依然躺在搖籃裡不想離開。那麼是誰做了這樣的決定？是搖籃嗎？

生命常有兩個態度需要選擇，一個是線性的——昨天的一切成就了今天，今天的努力代表著明天；一個是非線性的——昨天的一切不等於今天，今天的一切也不代表明天。線性的態度可以歸因、預測，如果沒有美好的童年，就不會有真正幸福的現在，更不太可能出現閃耀的未來。心理學強調童年的遭遇決定成年以後的性格、情感與行為，並且假定，如果不消除童年帶來的陰影，生活中會永遠缺少陽光。

心理學的基礎理論建立在一百年前的歐洲，佛洛依德斷言，人三歲以前如果沒有與母親建立起良好的母嬰關係，依戀或分離障礙、物欲與安全缺乏、自戀缺乏或過度自戀，都會給人的潛意識帶來難以癒合的創傷。人雖然無法完全意識到這些創傷，卻會阻斷成年人正常的心理和情緒反應，造成適應不良。

這樣的理論有一個假設，即人都是一樣的，創傷有固定模式。

經典心理學產生於盛行機械唯物主義決定論與歸因論的時期，仿佛人就如一種機器構造或建築構造，缺損任一零件（童年—少年—青年—成年層疊結構）都會大大影響到整體的功能。經典心理學又被稱為解釋的心理學，因為它主要致力於探索問題的成因，不太在意如何去解決問題。理論的假設是必須仔細重溫童年，得以清晰覺察曾有的隱祕創傷，審視早年經歷與今天痛苦之間的聯繫，重建新行為，以此幫助成人擺脫童年帶來的陰霾。

現代心理學更接受一種非線性的態度，它認為人的成長是一個逐步選擇與適應的過程，童年事件給人帶來的影響是不確定的，不單是一種簡單的原因，而是一種可選或者可多重賦義的資源。

非線性心理學假設：人是不一樣的，創傷只是一種敘事方式或解釋方式，而非真實

存在。非線性是基於一種生命科學，多樣性、多因素並存，未知與複雜並存……比如，童年經歷了父母不幸的婚姻，這是讓人獲得對婚姻更大的耐受性、獲得應對婚姻爭執的經驗、減少對婚姻的理想化期待，抑或是讓人害怕婚姻、缺乏長久維持親密關係的能力，這些是不能確定的。

非線性的思想認為這種「童年不幸」可能只是當下的一種回憶產物，是為眼下親密問題合理化的結果。那麼是否接受這種合理化要看這樣的解釋是否讓人獲益，是哪一種獲益。如果讓人產生了覺悟，並對生活有積極的效果就接受它；如果解釋增加人的缺陷感、無力感，放棄努力等待救贖，那麼就否定它。

非線性的心理學被稱為解決的心理學，它不關注過去發生過什麼，而是致力討論今天我們做什麼，或者不做什麼，問題看起來會不同。現代心理學追求有效的解釋而非追求既往的真實，因為人不可能客觀地評價過去，今天的你與過去的你是完全不同的兩個人。回憶童年也許是為當下的我服務，婚姻幸福的人會說父母失敗的婚姻教會我善待婚姻，婚姻不幸的人會說父母的不良關係讓他失去了獲取幸福的能力。事實上，婚姻的不幸可能有很多原因，並非只是童年創傷印痕的重複，經歷不幸也許正是人們可以真正感受幸福並珍惜自己的前提。

不過，因果的思維畢竟是人類根深蒂固的認知方式，正如佛家說的「諸因皆有果，諸果皆有因」。在普及心理學知識時，一般心理學家還是更多停留在解釋的心理學，因為要創建一種健康的育兒意識，減少童年創傷，培養完美人格，這樣的理論是不可少的。

不過在面對某個個體帶著問題來諮商時，心理學家會搖擺在解釋的心理學與解決的心理學之間，討論童年創傷既可以讓人受傷，也可以讓人成長。一個心理學家問一個成功人士：「你成長的訣竅是什麼？」成功人士說：「因為父親從小就看不起我，我要努力證明給他看自己能成功。」再用同一個問題問一位在地鐵裡乞討的男子，男子說：「我從小就不受父親重視，造成我自卑膽怯，至今一事無成。」成功與失敗都與童年有關，但對童年不同的態度會造就不同的人生。

* * *

對兒時的評判可能影響對現實的評判，一切不快似乎是在重複過去的創傷。覺得自己沒有社交能力、恐懼權力人物、不自信、不滿足，以及時時刻刻的挫敗感，其實是源自於兒時沒有建立起對幸福的感知，對生活有不恰當的期待，總是羨慕別人的生活，消極面對自己的生活，這樣的人不可能有幸福感，即便他拿著天上掉下來的肉餅，也會恐懼失去，依舊感受不到快樂與幸福。

我們對自我的感知、對現實的感知來源於我們內心的建構，同樣是早年的經歷，不同的內心建構會帶給我們不同的感覺。人們會說，在記憶中我的確不被父母喜歡，但記憶是非常不可靠的，我們能記住的東西被我們在漫長歲月中不斷修飾補充，回憶出的東西只是我們當下心境的產物。幸福與否在於我們內心的選擇，若我們選擇幸福，就會有一千個理由讓我們愉悅滿足；若我們選擇痛苦，也會有一萬個理由讓我們悲傷失落。既然如此，我們為什麼不選擇幸福？

真正的幸福並不存在，只有人們對幸福的不同解釋，就像名言「真理是不存在的，存在的只是對真理的不同解釋」。現實中的幸福和曇花一樣，只是生活中短暫一現的芬芳。但內心的幸福是存在的，這種幸福實際上是對自己的態度。首先要有感受幸福的能力，獲得這種能力的前提是有良好的自我認同，對現實的滿足感、對生活沒有過高期待。

現在的生物科學比較認同細胞記憶，認為人具有語言記憶與情緒記憶兩種不同的記憶，前者活躍在大腦，靠回憶與描述來表達；後者儲存在個體裡，靠激發與聯想來完成。語言的記憶主要是人類的構詞與解釋系統，在理性的世界裡，這樣的記憶靠不斷強化、重複來增加，結果被轉化成為一種體驗記憶，最終儲存在細胞裡。而情緒記憶本來就是一種體驗記憶，不需要重複，只要體驗的強度突破記憶的閾值，就永遠被保留起來。體驗記憶是身體直接的記憶，沒有理性的分析過程，沒有語言描述，所以非常依靠感覺。

有一個形象的比喻，每個細胞都是一個記憶體，個體有多少細胞就有多少這樣的記憶體，很像一座圖書館中浩瀚的藏書，把生活的點點滴滴儲存起來。不過，要觸及、打開這些記憶並不容易，需要類同質的刺激資訊。比如，我們小時候在一個地方生活過，幾十年後，故地重遊，很多兒時的記憶會鮮明地湧現出來。故地重遊就是類同質的資訊。科學證實，這些儲存在細胞中的記憶，是通過心—腦的回復式交流，讓我們的意識能夠提取它們。

為了讓我們能夠記憶更多經歷，我們應該帶著情緒去生活。閱讀的時候，如果沒有帶任何情緒，也沒有愉快的想像參與，這些語言記憶，將只能在大腦中保持很短的時間，就會永遠消失。如果閱讀時產生身心體驗，不管是愉悅的還是傷痛的，這些情緒會累積在細胞組織裡，留下印痕，不管多久，類似的刺激會準確地激發記憶並讓我們重新體驗那些情緒。**帶著情緒去生活、學習、交友、工作，才是豐富人內心記憶的根本。**

生命也需要害怕來滋養

◆「害怕」讓人需要安全，讓人體驗到生命的脆弱與存在，並讓人在生活中保持謙卑、節制、隱忍和大度。

我收過一個讀者的來信，他說自己總是無端怕東怕西。

「工作上犯錯甚至被上司看見我在打電話，就會害怕他對我有意見，我害怕別人在背後議論我，總害怕會有不好的事發生，談戀愛也害怕自己的選擇是否錯誤，害怕父母不同意怎麼辦……」他問我，自己到底在害怕什麼？為什麼會害怕到不敢向別人表達自己的想法，害怕到連跟上司說話的勇氣都沒有。

生活這麼美好，我們到底有什麼可害怕的呢？

害怕像是一種互相纏繞的心理體驗，因為擔心會害怕而害怕，正如我們為失眠而焦慮，焦慮又讓我們更難以入睡一樣。

思維有一個特點，你覺得它是問題，它就會自然而然地更像是一個問題，因為思維永遠在自我求證。會煩惱「擔心」這件事的人，自然而然會增加擔心的情緒，因為在原有的擔心上又疊加了另一層的擔心。對內心某觀念的思維控制會啟動這種觀念，讓它變得頻繁、強烈，因而體驗到焦慮、情緒失控也是很自然的事。

人類經常會處在這種混亂的心理感受裡，自我預感，自我求證，再自我建構，由此產生豐富多彩的心靈現實。產生貧困的預感，就會對金錢感到饑渴，會竭盡全力去撈錢，用富足來削減對貧困的恐懼。同樣的，權力饑渴、性饑渴、安全饑渴、親密饑渴、有賭癮或藥癮的人，明知並不需要那麼多，卻不能克制，且永遠得不到滿足。害怕也是一種害怕饑渴，雖然明知自己不喜歡害怕，卻總是全神貫注地在內心去體驗、尋找。

一個害怕蜘蛛的人，會比不害怕蜘蛛的人更注意天花板角落、桌椅的背面底面、牆縫、窗臺，凡是蜘蛛常出沒的地方，怕蜘蛛的人都喜歡去找，在找的過程中體驗一種先兆般的恐懼不安。相對來說，怕蜘蛛的人發現蜘蛛的機率比一般人大得多。恐懼「害怕」這件事的人，害怕的情緒當然也會比一般人多很多，這是精神灌注的結果，是十分自然的事情。

人的內心世界往往存在一種先占般的預感，這種預感有很強的建構能力。一個有強迫性行為或觀念的人，會突發一種預兆，然後他停下來，等待一個糟糕的觀念產生，又被迫似的重複一種行為直到預兆變弱，觀念淡化。這跟一個人餓了，停下來找吃的，然後吃了可以吃的，直到這種饑餓感變弱有什麼兩樣呢？不同的是前者是不情願、被迫的，後者是自願、有快感的。

解決害怕很簡單，就是把害怕解讀為喜歡，喜歡你的害怕，你就會發現你總是花時間去尋找這種感覺，在人際關係中去製造它，然後沾沾自喜。客觀來說，人是需要害怕的，生命也需要害怕的滋養。「害怕」讓人需要安全，讓人體驗到生命的脆弱與存在，並在生活中保持謙卑、節制、隱忍和大度。

我們是否需要後悔

◆人的心理有一個特徵，看輕得到的東西，日思夜想未曾得到的東西。

「人不能兩次踏進同一條河流」，這是古希臘哲學家赫拉克利特的名言。

記得禪學中有這樣一個故事：「一個武師為了挑戰一個和尚，打了對方一個耳光，但和尚微笑著沒有應戰。武師認為自己勝利了，十分得意。三年後隨著武功修為的進步，武師感受到武學中『無敵無我』的高深境界，深深後悔當初自己的魯莽。於是他找和尚登門道歉，希望和尚還自己一個耳光。和尚微笑著說：『站在你面前的不是三年前那個和尚，你也不是三年前那個武師，我們之間沒有過節啊』。」

一個人大學畢業後選擇來北京奮鬥，經過多年的打拚，結了婚，有了孩子，還有一套小房子。慢慢地，工作中的競爭與壓力消磨了他的鬥志，尤其是看到那些在家鄉城市工作的同學，原本能力不如自己，現在卻住著很大的房子，有很高的社會地位與收入，妻子嬌美、孩子聰慧，日子過得幸福美滿。

家鄉小城山清水秀，遠比北京擁擠、嘈雜的水泥森林舒適悠閒得多，於是他的內心有了後悔。想當年，同學們對他能在北京找到理想的工作是多麼羨慕，現在輪到他來羨慕別人了。

生活就是這樣此一時彼一時，你永遠不能預見未來會如何。每個人都玩過迷宮遊戲，往左還是往右，你必須在每一個交叉口做出選擇，得與失同時並行著。過去生活艱苦，但你認為在北京可以接觸到新鮮高尚的文化而聊以自慰，現在倒是那些遠在故鄉的人飛來北京看演出、泡酒吧、享受高雅的生活，在北京的你既沒有時間，也沒有金錢，更少了這樣的雅趣。

在迷宮中選錯了還可以走回去重來，生活卻不能像倒帶那樣倒回過去。

人的心理有一個特徵，看輕得到的東西，日思夜想未曾得到的東西。其實後悔是一種普遍的心理感受，當一個人部分或者全面拒絕接受現實、想逃離現實，後悔就為逃避現實找到一個藉口。如果我們不喜歡現實中的人和事，後悔當初的選擇也為我們的不喜歡、不接納、不適應找到了理由。

婚姻中，後悔是非常容易出現的情緒，記得張愛玲在《紅玫瑰與白玫瑰》中的描寫：娶了紅玫瑰，久而久之，紅的變成牆上一抹蚊子血，白的還是床前明月光；娶了白玫瑰，白的便是衣服上沾的一粒飯粒，紅的卻是心口上一顆朱砂痣。當初答應多金精英男子的求婚，放棄了初戀男友，現在索然無味的婚後生活又讓人期待著純淨愛情的美好。

人在情愛上有多重體驗的需求，實現了的又不得不重複體驗的愛自然變得多餘，未曾實現的渴望就變得珍貴。後悔當初的選擇是蠱惑人去體驗婚外情的心理驅動力，也是夫妻爭吵中最容易被提及的話題。

心理分析認為，後悔是一種針對自己的否定，看起來是指向過去的我，本質上是攻擊當下的自己。不過在很多時候，後悔也有很積極的意義，經歷刻骨銘心的後悔之痛後也許會找到生命中最本質的需要，為未來點亮一盞明燈。

人其實應該對過去的選擇抱以敬畏，如果想到「若生命重來，在那時那刻還會做同樣的選擇」，無疑就是對後悔情緒的一種警醒。人不能客觀地評價過去發生的事，過去的我不是現在的我，事過境遷，現在的我其實並未真正理解過去的我，現在的我也無權去評價當初的選擇。

自我是一個流動的概念，每一個體驗都在改變自我的內涵，讓人意識到過去未曾意識到的東西。我們也不能評價他人的選擇，生命自有自在之道，該經歷的艱難險阻還得去經歷，不然生命就無法擴展出更廣闊的內涵，經歷過才活過，不經歷苦將未知甜的意義。經由後悔，你可以再選擇的是未來，而非過去，明白這一點，後悔就是一個有價值的情緒。

在很多時候，**人們只是後悔卻不願對未來做任何細微的改變，那麼，就要意識到那時那刻的選擇對今天依然是重要的。**因為後悔，我們更珍惜現在擁有的一切，因為後悔，我們對未來做一些有益的調整，生命的花朵就永不會凋謝，生命之樹才得以長青。

* * *

每個人的內心都有一個曾經的我，能否喜歡或者接受這個「曾經的我」是「當下我」對自己的基本態度。接受或不接受「曾經的我」往往是當下我的一種情緒體現，愉快的時候，即便說起曾經的糗事也有能力幽默和自嘲，不愉快的時候，往日的成功說起來也索然無味。

記憶是很不可靠的，神經生理學的研究證明，對過去的記憶都是當下的一種重構，不是既往真實的再現。大腦沒有記憶的儲存物質，往日經歷的事情以身體感受或體驗經驗存留在人的身體，尤其是皮膚組織裡，絕不是以言語的方式被「記」住。

當下的情緒引發我們的感受，活化既往曾經體驗過的類似感受，並由語言組織成回憶。這就是為什麼愉快的時候回憶過去，一切都是陽光和煦，不愉快的時候，能回憶起來的過去都是糟糕的事情。

一個人經常回想以前做錯的事，感到後悔和痛苦，只能說明他當下的情緒狀態不佳，不是因為回憶錯事而難過。回憶糟糕的往事只是為了釋放或者合理化當下的不良情緒。

人不可能客觀地評價「曾經的我」，原因是「今天的我」與「曾經的我」不是同一個人。人的內在時空有昨天、今天、明天三個維度，憂鬱的人活在昨天，忘掉了今天，沒有明天；焦慮的人活在糟糕的明天，忽視今天，煩憂昨天；積極的人活在今天，著眼明天，感恩美好的昨天；空想的人只活在幻想的明天，逃避了今天與昨天；超越的人沒有昨天，也沒有明天，只有今天⋯⋯。

一個人敢不敢與往事乾杯，會決定他是否能珍愛自己。凡是經歷過的事情都如生命之花，絢爛美麗。不管是痛苦還是喜悅，感受過就活過，沒有感受過的東西將是永遠的缺失與遺憾，生命不可能重新再來。

心理學教導人怎麼通過回憶去調節自己的情緒，把曾經經歷的事情看成是一個巨大書架中一本本的書，不愉快的時候用回憶抽取快樂的往事，翻閱、回味它們，往日愉快的體驗會慢慢在身體裡被喚醒，原本的沮喪就會被回憶中的愉悅浸染所取代。

需要因為性格而苦惱嗎

◆在一般的人際交往中，可以隨性而為。但與一個彼此有衝突的人相處就要知道對方的忌諱，瞭解對方的心理需要，知己知彼。

人總有與別人發生衝突的時候。如果與人意見不合爭執起來，或者不幸遇到某人專門與你過不去，你有三種處理方式。

1. 主動回避，減少衝突，眼不見心不煩。當然這樣一來，你的交往圈子會愈來愈小。

2. 主動化解。衝突往往來自於誤解，如果能讓身邊的人完全信任你，誤解的可能就小了。不過，這樣自己比較累，需要單方面付出很多。

3. 示強，針鋒相對，看看誰怕誰！這招對怕事的人很有效，但對愛惹事的人就大錯特錯，結果會讓自己灰頭土臉。

在一般的人際交往中，可以隨性而為。但與一個彼此有衝突的人相處就要知道對方的忌諱，瞭解對方的心理需要，知己知彼。不然，對方會覺得你在故意為難他。識人主要靠察言觀色，通過對方的眼神、手勢動作、姿態，判斷他的心境和可能的反應。交流中有四種資訊：

1. 語言的資訊——他想表達什麼？
2. 語言背後的資訊——為什麼要這樣說，而不是那樣說？
3. 身體和表情資訊——他的心情如何？姿態和表情會洩露對方的情緒：焦慮、害怕、憤怒、孤獨等。
4. 對方對關係的期待——想接近我還是排斥我？為什麼？

讀懂這四類資訊對處理關係很有幫助。

＊　＊　＊

傳統文化中也有很多處世哲學。比如「逢人只說三分話，不可全掏一片心」「別往傷口上撒鹽，留心別人的忌諱，不要觸碰別人的痛處」「說話投其所好，得捧人時需捧人」「不去熱殿拜佛，只去冷廟燒香」「伸手不打笑臉人，恭維話人人愛聽」「禮多人不怪」「難得糊塗」等。這些處世哲學是民間對人際關係的一些累積經驗。心理學的人際關係原則有：

1. 不要對別人期待太多，也不要讓別人對你期待太多。
2. 保持適當的心理距離。區分親密關係、朋友關係、一般關係三個社交等級。
3. 學會社交技巧。學習分享、並存、融合與借鑑，不要把自己的意志或想法強加給別人，也不要輕易被別人說服。
4. 必要地示弱。在許多情形下，聲明自己不能、不會、不懂能讓自己少做許多麻煩事、冤枉事，也少得罪人。

* * *

從自然法則來看，人類的性格差異是生物多樣性的結果，是進化中的必然。

通常在人類社會發展的早期與高峰期，人類的外顯性格及言行會有高度的隨同性，出現一種類同的社會性人格。社會發展到一定程度，生命的自然性、差異性又會愈來愈顯著，逼迫社會出現更大的寬容與變通，接受並認同人類性格、情緒、行為的多樣性。相同性格與相同情緒外顯的人往往不能長久在一起，因為缺乏差異資訊刺激，久之會覺得乏味。不同性格與情緒的人因為互補，更容易成為一個彼此需要的團體。想想同一個父母生的孩子之間也存在明顯的性格與情緒差異，就證明這種差異對生命體系來說非常重要。

人們之所以會對自身性格有煩惱，來自社會化過程中一致性的價值觀。社會對人的言行、秉性、情緒推崇一種所謂的「好」模式，這種「好」只是針對社會的人際交流以及便於管理，並不考慮生命自身的需要。個性與情緒的好與壞，是社會價值參照的結果，如果你選擇的價值體系適合你，你的性格與情緒在實現你的人際與生活主張中是有效的，那你一定會覺得生活異常美好。

CHAPTER 4

愛上愛情

婚姻該有的味道

◆成熟的愛有一種自我完成的色彩，它本身是完整、自我愉悅的。

婚姻和愛情都是自己的事，人對他人他事的感覺是自己認知選擇的結果，在很大程度上，是你在選擇一種婚姻方式，而非婚姻在選擇你。

一個內心豐富、對精神世界有較高要求的女性，要在婚姻中經營幸福，大致可分三個層面：最普通的形式是和另一半建立相同的興趣，把婚姻經營為雙方都喜歡的模樣，讓大家回家的時候都覺得放鬆。最高級的形式是把家經營成男人是多餘的東西，他只是生活的甜點，不是正餐，有他固然好，沒他也不空虛。

要做到最高形式要明白兩點：

第一，別說男人變了。喜歡他的時候，總會看到男人的好，不喜歡他的時候總是看到男人的不好。愛他的時候合理化他的行為，不愛的時候他說什麼都不信。女人要對自己內心所愛那個男人的形象負責，因為人對他人的印象是我們認知選擇的結果，你愛的是內心那個「他」，你需要對「他」負責。

第二，要跟自己談戀愛，對自己投注愛和關懷。女人的母性首先應該給予自己，如果男人或者孩子需要，可以把愛分享給他們，但一定要用愛自己的方式去愛別人。如果只在意老公孩子而不那麼在意自己，老公孩子也不會快樂，反而會因為你過多的愛而心生壓力。

如果我們承認**人是不同的，人對情感與親密距離的需求也是不同的**，就像大自然有獨居與群居動物一樣。獨居的動物只在發情的時候會與異性在一起，群居動物則不管有無性興趣，彼此依戀都是生存所需。你可以把自己當成是獨居動物，喜歡的時候在一起，但各有各的巢穴與領地。

成熟的愛有一種自我完成的色彩，它本身是完整、自我愉悅的。愛一個人，可以靜靜欣賞、伴隨他，他忙碌的時候，不去影響他，也不感覺被冷落。他快樂休閒時，與他共享，為他的悠然自得而歡喜。同時，**成熟的愛懂得合適的訴求與主張**，當另一半忙碌時你幫他，他有空的時候，就要求他幫忙，這樣的婚姻才有婚姻的味道。

更新體驗與經歷會讓愛變聰明

◆在每個年齡做適合這個年齡的事，談適合這個年齡的愛情，不要執著於過去。

如果我們懷抱著「不知道明天會如何」的心態，那麼，我們就會非常看重當下的生命。「我如何才可以開始新的感情呢？不婚是否是一個好選擇？」不管如何回答這些對未來的提問，生活都會讓這些回答成為謬誤。原因很簡單，我們抱定獨身的時候，喜歡的對象卻不期然出現，似乎要挑戰我們的單身信念。

當我們渴望馬上結婚，那些合適的男性就瞬間蒸發，讓我們感覺所有努力只是竹籃打水一場空。愛情世界的確有些奇怪，很多相處不錯的情侶卻莫名其妙分手了；一些你死我活、整日怒目相對的，卻糾纏一百年。

記得有個喜歡陰陽五行算命的愛好者，曾問我一個問題，說人的命理如果是天定不能改變的，那麼算命就毫無意義，只是徒生煩惱。如果命是可以因知道而選擇規避，那又為什麼叫命理？

我回答說，**任何東西，你認為它是不變的，結果就會看到它充滿變數**。你認為它是可以改變的，又總看到它亙古不變。愛情與命理一樣，你以為你知道，其實你不知道。

情感是我們內心世界的事，它與客觀的物理世界不同。**每一個階段，生命的自我感都會不同，愛情的方式也會不一樣**。

二十歲的愛情是通過愛別人而愛自己，通過被愛知道自己可愛。三十歲的愛情是因為愛自己才會愛他人，因為自己可愛才被愛，渴望回歸二十幾歲的激情，即使見了許多人也將錯過許多人。這有可能是你無意識回避親密情感的一種合理化解釋，根源還是在上一段戀情分離中未曾處理好的喪失與創傷。「曾經滄海難為水，除卻巫山不是雲」，正是這種心境的寫照。

其實，女性的成熟應該是在三十歲以後，那個時候自身的修養提高，心性變得寬容、豁達，尤其孩子的出生會讓母性意識回歸，更體貼身邊的另一半，讓男人感覺舒服，沒有那些青春的攻擊、纏繞與緊迫，情愛關係也日漸平實與敦厚。

一個女性總想躺在婚姻的搖床上不願長大，三十多歲仍保留著二十幾歲的「激情」

（攻擊性、自我中心、過度依戀與剝削關係）才讓某些男人甩袖而去。三十歲的愛情重在情愛的節制、分享，彼此取悅，而非青春時期的全然給予，或全然索取。

＊　＊　＊

愛是一種學問，靠更新體驗與經歷才會變聰明。在每個年齡做適合這個年齡的事，談適合這個年齡的愛情，不要執著於過去。至於如何開始新的情感生活，重要的是認定現在的你是一個全新的你，沒有過愛情，正在學習如何去愛。

過去的你曾擁有的情愛與現在的你無關，它不構成現在的你，也不曾被它影響。至於未來的你、未來的婚姻與愛情，這些還不存在，現在的你也不用去為此勞神費力。如果心中接受了這樣的觀念，那麼，就沒有什麼可以阻礙你展開雙臂去迎接鮮活多彩的情感生活。

人們總是在新面孔中尋找舊愛的影子，愛是一個悲劇，因為我們永遠愛著的某個人，大多數情況下只是我們幼年依戀、少年夢想、青春渴望中，混雜著的依附、叛逆與激情，慢慢在內心建構的客體影像。這個「客體」實際上是本我、自我、超我對性與愛解讀的混雜體，它讓我們精神、身體、欲望都得到滿足，又不是徹底的滿足。

精神分析認為，倫理與社會道德的壓抑使這個客體變得既可愛又猙獰。那麼，當一個人的某種行為、言語、氣味激發起我們內心對那個客體熟悉的親密感，我們會把壓抑的情緒（被合理化為愛）不假思索地投注給對方，以為是對方給你帶來了激越與狂喜，其實這個喜歡來自內心曾給你帶來隱祕快樂的客體。

* * *

人是關係的產物，一些早年與父母、親人、同伴的關係會以一種客體形式（內心影像）儲存在我們內心，並影響我們成年後的人際關係。當然只是影響不是決定！如果一個人引發我們對客體的強烈投射，也會形成一個心理印刻，這會讓人終身不忘，甚至造成今後無法再對他人產生這樣由內心湧動的喜悅感，這樣的印刻被稱為客體固著。

固著類似於雕塑。

內心把一種客體期待（情愫）投注在創建雕像（戀人）中，雕像（客體投注與戀人的混雜體）固化了創作者的情愫，這種情愫為雕像所獨有。固著的人不再有愛的能力，在人性層面很可悲。所以，我們不能愛一個人很深，愛得愈深，自我丟失和靈魂缺失就愈嚴重。感覺到我們把內心愛的能量過度投注給某人的時候，就要學習節制，並把部分的愛還給自己。

獲得兼具包容和共鳴的交流

◆相信眼睛的人更容易形成默契，相信耳朵的人卻很難形成一致。

交流其實不是量而是質的問題。比如教育孩子，夫妻倆一個扮黑臉，一個扮白臉，雖然說的不一樣，暗地裡互相配合、調和與平衡，這也是一種交流。

有些家庭不怎麼說話，一說話就吵起來，那麼互相拉開距離，少說話，其實也是一種交流和默契。壞就壞在我們擁有一些華而不實的觀念，以為夫妻不怎麼說話就等於沒有交流。

人際間的交流分為三個層面，一是語言的，相信耳朵。就是心裡想的，通過嘴到達對方的耳朵，再到對方的心裡，這種交流往往會產生許多誤解。因為大多數人心中怎麼想，說出來卻不一定是那麼回事。這個過程中干擾的因素很多，如對語言的應用、面子觀念、自尊、價值取向都會歪曲內心的本意。同樣，耳朵聽到的與我們對辭彙的理解和想聽的期待有關。想聽甜蜜話語的，會把普通的關心看成冷漠，想聽附和的聲音又會把好的建議和提醒當作諷刺。

二是行為的，相信眼睛。心裡怎麼想就怎麼做，將心比心，感受累的滋味，看到對方累了就讓他休息，先照顧好孩子，再去做廚房的事務。看到對方心緒不佳時，承受一些埋怨而不辯解，等對方情緒改善後再進行必要的解釋。行為互動是一種相對不太容易曲解的交流，但還得日久見人心，有時候自認為好的東西對方不一定領情。

三是心的交流，相信感覺。這是一種難以言說的共鳴和默契，表面上風平浪靜，心與心之間卻有千絲萬縷的聯繫。很多事不必說，也不必刻意去做，一個眼神、一個微笑就盡在不言中。

心與心的交流才是人類高級的交流，有互相共鳴與互相融入的感覺。有些東西說出來就輕了，含在嘴裡，融在心裡，心心相印才是真正的交流。這種交流可以用以下的辭彙來形容：包容、欣賞、無條件接納、感恩、全方位分享。

很多兩性專家說女性是一種聽覺動物，什麼事情都需要聽到而不是看到。一個男人為了一個女人去征服天下，像唐吉訶德般去與現實的「風車」較量，如果他做了所有冒險的事，卻沒有抽出時間用甜言蜜語灌醉女性的耳朵，那麼也許他能得到天下，得到那女人，但女人的心卻早跟著甜言蜜語的男子私奔了。

* * *

在婚姻的話題裡，我們經常問，你是相信眼睛還是耳朵呢？相信眼睛的人更容易形成默契，前提是你要往積極面解釋。相信耳朵的人卻很難形成一致，原因是任何解釋本身都是模糊且不確定的，愈解釋愈生歧義。

女人依賴耳朵，這也是女人願意煲電話粥的原因之一。因為聽會給女人提供巨大的臆想空間，投射進自己內心的情結、情緒、情愛，自我感十足。看卻不那麼浪漫，因為眼見為實，沒有想像空間。

男人更喜歡看到的。因為男人的興趣更多受荷爾蒙驅使，荷爾蒙從來不刺激耳朵，眼睛卻會因為激素分泌而炯炯有神。女性的興趣受孤單驅使，你來我往的交談，是一種真切的關係，有關係就不孤獨。看來看去你還是你，我還是我，關係仍舊是一種想像。

理論上講，看是更感性與直覺的，中間沒有分析與批判。聽卻首先需要大腦理性識別詞句的意義，聽是被理性支配的。但為什麼一般認為男人更理性呢？因為我們大腦裡早存在很多文化認知模型，聽到的資訊會自動與內心湧出的知覺模型相匹配，結果反倒更不真實。看似有一個現實的樣板在那兒，卻限制了人知覺的不確定性，結果也理性。

＊　＊　＊

千萬別在家中和男人談工作，除非這個工作涉及雙方利益。

家是個承載很多瑣碎東西的地方，不是高談闊論的地方。當然，這樣的論調跟我是男人有關，跟我是心理醫生無關。

如果一名妻子真的想在工作上得到丈夫的幫助，就要遵守三個原則：

第一，採取預約的方式，讓先生知道你是認真的，不是為了閒聊打發時間。

第二，不管先生說什麼，千萬不要糾正他的觀點，哪怕他的觀點幼稚可笑。聰明的女子不讓先生覺得自己比他聰明，男人打死也不想被排擠到滑稽可笑的位置。渴望被太太崇拜，也是男人的本性之一。

第三，感激他，給他正面回饋，讓男人感覺陪你說話物超所值。這樣可以刺激他的荷爾蒙，產生愉悅感，下次你要找他說話聊天就會容易些。

CHAPTER 5

別讓愛情敗給細節

跟另一半更適合當朋友嗎

◆人們對「活在當下」的理解有很大的誤解，竭盡全力地發展自我與享受生命的每一時刻並非對立，而是同質的。

跟老公（或老婆）更適合做朋友？很多人都有這樣的疑問。我曾經遇到過一個比較典型的例子，以下跟大家分享一下我的看法：

我和我老公結婚三年了，但是我逐漸發現我們的價值觀和人生觀完全不一樣。我們對同一件事的態度截然不同：對於人生，我希望過更好的生活，對自己很嚴格，而他是活在當下，想享受每分鐘，隨時享受人生，對未來沒有更大的追求。他往往做不到我對他提出的要求，他感到有壓力，我也感到很累。我經常覺得，我們當朋友可能更合適。

在這個例子中，老公沒有質疑老婆的人生觀，也沒有妨礙老婆去實現自己的價值，反而是老婆在推銷自己的生活態度，尋求對方的改變。對女性來說，婚姻可能是人生最大的選擇，你選擇了草莓霜淇淋卻又想吃出奶油巧克力味來，那麼是霜淇淋的錯還是你的期待有錯呢？

人們對「活在當下」的理解有很大的誤解，竭盡全力地發展自我與享受生命的每一時刻並非對立，而是同質的，問題在於無論你做還是不做，你都在感受著，也許你開心，也許你鬱悶，也許你輕鬆，也許你辛勞……你都在生命的每一個時刻感受著生命。

活在當下的真諦是從不後悔，不管生命經歷了什麼。很多人說要為明天而活，其實沒有明天，生命只有一個當下，只是一個流淌著的今天。在某個角度我也贊同案例中的妻子。大自然一切生命的規則就是努力發展、壯大自己，爭取更大的生存空間並延續自己的後代。「少壯不努力，老大徒傷悲」。很多懶惰的人把活在當下看成是不珍惜生命的托詞，其實年紀輕輕就忙著休閒的人恰好是沒有活在當下。

如果你為理想而活，只要注重艱辛之中的愉悅而非等著理想實現才開始享受人生，這才是活在當下。不過換一個角度去看，可能又是另外一回事。

婚姻分為互補型和相似型。互補型的婚姻往往會出現一種很有趣的現象，一方很勤快，另一方很懶惰；一方節儉，另一方顯得奢侈；一方很努力，另一方慢慢懈怠；一方情緒愈穩定，另一方就愈容易抓狂；一方開朗，另一方就總是有些悶……。

這種現象可能源於兩人關係中的一種平衡動力，通過多重回復式互動的行為模式慢慢構建而成。比如，凌亂是不好的，但婚姻中總有一方對整潔的心理需求更高，所以會付出更多心力去整理房間，同時他會抱怨對方懶，其實對方本身是喜歡整潔的，只是一次又一次地被伴侶抱怨，慢慢地就增強了對凌亂的心理忍受能力，認同自己懶，結果是油瓶倒了也不會去扶。

回過頭想想，每個人都有選擇生活的權利。婚姻是一種伴侶關係，要給予對方實現自我生活更大的空間。

如何鼓勵另一半

◆事實上，好男人都是被聰明且裝傻的女人培養出來的。

和男朋友在一起一年了，經常覺得他很自卑，他常對我說：「我怕你跟我在一起以後會後悔，如果我們以後不能過著富裕的生活，你不要怨我……。」之類的話。開始的時候，我還能勸慰他說：「你很優秀、出色，以後會有出息的……。」後來再聽到這些話，我會覺得很沒有安全感，感到反感。因為我的前男友和我在一起的時候，給我的感覺是那種拚了命也要讓另一半幸福的男人。所以，我會覺得那才是一個正常男人帶給女人的感覺。相比之下，我真的不知道應該怎樣鼓勵我的男朋友。我很愛我現在的男朋友，他也很愛我。所以我還能怎麼鼓勵他呢？

這是一名讀者的來信，當然，我收到的信件中有很多類似的，所以今天想跟大家聊聊如何看待自己另一半的問題。

如果一個男人知道你的好而感覺自卑，另一個男人不知道你的好又覺得自己很了不起，哪種人更讓人喜歡呢？那個「拚了命也要讓另一半幸福的男人」給了你幸福嗎？如果沒有，這樣的男人可靠嗎？總是提醒怕不能給你幸福的男人，他們更聰明嗎？你選擇一個人，卻只愛他的一部分，想改變他其他部分來滿足你的內心，這樣的愛真的是愛嗎？

自卑與自信是人面對生命與存在的兩種心態。在這兩種心態下，很多時候人會做出同樣的事情，比如，都在意社會的評價系統，會按照社會遊戲規則自強不息。

我們可以用榮格的理論來統一這兩種心態，自信是人的光明面，自卑是陰影，光明面愈大的人，陰影也愈大。自信的人在親密關係中相對更為獨立，自卑的人對關係多少有些依賴，兩者在愛情中都是不可或缺。

＊　＊　＊

大多數聰明的男人都有一種躁鬱傾向，一段時間中，他們高度使用大腦，他們精力充沛，很具創造力。過一段時間，他們會陷入一種莫名其妙的低落情緒中，大腦不靈光，沒有自信也缺少動力（類似憂鬱）。似乎他們的大腦處在休息階段，在慢慢積聚動力，然後又像煙花那樣燦爛綻放。

如果他是這樣的男人，在親密關係中給予他充分的信任與鼓勵會讓他身心恢復得更快。另一方面，如果一個男人在親密關係中總在重複悲觀的話，也可能是一種隱含對親密關係的否定。

在生物學上，男人在所愛的人面前，荷爾蒙值都是增高的，喜歡表現自己，如果他沒有那麼愛你，無意識地讓你不喜歡，他也不用承擔情愛的責任。面對這樣的男人，最好是對自己負責，渴望幫助這個男人只是自尋煩惱。

一個人在社會關係中充滿進取，在親密關係中卻缺少自信，可能是由於早年與母親缺少成形的依付關係，面對一個類似母親的女性，感到不知所措。最好的方式是不要扮演母親，如果你內心比較強大，那個男人只能以軟弱的方式才能找到自己的心理位置，久而久之，這種壓抑關係會激發出一種憤怒，通過迂回的攻擊你來釋放，你愈希望他怎樣，他愈不會怎樣。**解決的辦法只能是示弱，如果你裝作比他更不明事理，那個男人就會被逼到不得不主持大局的位置。事實上，好男人都是被聰明且裝傻的女人培養出來的。**

性與愛的饑渴與挫敗

◆金錢與事業，權力和物質滿足，其實這些欲望只是性慾的替代品。

我們需要從生物的本性去看待這個有趣的問題。生存的需要（吃）與繁殖的需要（性），哪個更重要？動物生存似乎還是隸屬於繁殖的需要。如鉤吻鮭為了達成繁殖的目的，不遠幾千里逆流而上，返回阿拉斯加故里。牠們不吃不喝，輕裝上路，甚至萎縮掉多餘的器官，包括胃和腸，產子後坦然死去。

男人和女人雖然都是人，但在人的胚胎時期，生命的發育過程似乎重現返古，生命先發展生殖系統，然後才是腸胃系統。從這點看，不論男女，性都是先於吃。

很多個案研究發現，男人對女人的生物學渴望要先於對金錢的渴望。兒童的性慾旺盛與否，決定孩子未來的社會動力。為什麼這麼說呢？因為在孩子小的時候，欲望更趨於本能，心智還沒有被社會文化內化或浸染。所以可以說，性慾望是所有欲望之源。

很多青年人可能是因為性與愛的饑渴與挫敗，才把內在趨力轉向渴求金錢事業。古裝戲劇裡，男人要贏得美人歸，書生先要去讀書求功名，商人先要賺錢買田地，將士先要征戰建功勳。

金錢與事業可以給人帶來某種自我價值感、權力和物質滿足，其實這些欲望只是性慾的替代品。不過，事業第一、感情第二是一種男人的經典託辭。因為對男性來說，泛性是一種生物本能，生物界雄性總是極少數，雌性是主體，雄性天生就不是始終如一的。

文明與愛的神聖性使人類發明了一夫一妻的情愛哲學，這讓男性集體無意識中的泛性色彩深受壓抑。所以，在某種意義上，地位、事業、金錢、藝術造詣、職業成就都可以幫助他變相實現性滿足，同樣也會在性愛實現上獲得相對自由，如雄孔雀有了更美麗的羽毛。

情感當然不重要，但性滿足很重要。當男人想與你發生性關係，你對他說：「希望你事業有成後，再和我談這個問題」。一百個男人有九十九個都不會答應。

人習慣的思維方式是因果，如果你需要「因」，就可以看到有個「因」，但往往「果」是在「因」未曾出現時已經有了。你不擔心你與他的關係，你不會在意誰在他身邊，如果你擔心了，擔心的事很可能會變成現實。

人的感覺有時很奇怪，似乎真的存在一種預感。擔心另一半出軌，可能不是先生說了什麼，而是你們兩人關係本身也出現了微妙變化，妻子只是在對原有的變化進行「合理」的解釋。

心理學說人與人的關係存在一種「投射性認同」，若把你的懷疑、敏感、擔心投射給對方，對方原本沒有意識到，卻被你提醒後感覺到了。

擔心與在意是事物發展的催化劑，因為擔心，你會敏感，這個時候你的觀察、分析、判斷都變得不客觀，結果，擔心的事如預兆般發生了。你會說你早知道……其實正是你把一個原本不太可能發生的事情催化了出來。

拿外遇舉例。剛開始時另一半聲辯、解釋，甚至生氣說這絕對不可能，但你每次提醒都讓他看到自己對那個女子的確不一樣，結果在你的「提醒」下，他感覺到自己真的是喜歡那個女子的，接下來，他不再需要你提醒就會把「外遇」進行到底。提醒對方做什麼，不做什麼，結果往往是該做的不做，不該做的反倒做了。

心理學中有個實驗，給孩子一塊錢，告訴他買什麼都可以，就是不能買雪糕，結果孩子整天都想著雪糕，儘管第一次他克制住自己沒有買，下一次得到錢時，他就會飛快去買一塊雪糕來吃。

愛情的不信任危機

◆戀愛的雙方需要分享隱私，這才叫信任。

有一位女性讀者問道：「我知道老公私藏了一些信件，他肯定是不願意讓我看見。但我又無法克制自己的好奇心，那些信裡到底會有些什麼？如果我偷看了，老公會不會認為我不夠信任他？」

這樣的事看就看了，不要把問題看得太過嚴重，關鍵的問題不是該不該偷看，而是當你看到不該看的東西打算怎麼辦。如果你的心理素質很強，看到一些曖昧的苗頭，你可以有意無意地測試他，這在心理學上叫預先干預，防患於未然，而非亡羊補牢。但如果你捕風捉影，見風就是雨，男人會想，不管有沒做都會被當作真的，那不如真的去做。或者發現你看到這樣的東西生起氣來不過如此，覺得結果不那麼嚇人，以後就有可能真的不檢點了。

所以，一般來說，不看最好，如果看了也可以取證留檔，以備他不承認，除非你不想和他在一起了。所以擺到桌面上談這樣的事風險非常大。

信任在愛情中是一個值得推敲、難以通約定義的辭彙，**信任意味著我向你敞開我的一切**，你可以隨意瀏覽，還是意味著允許你看的才能看，我不想讓你知道的你就不應當知道，哪種信任才是信任呢？

如果你看了他的私信一類的東西，他認為你對他缺乏信任，那麼你可以問問他，信任是建立在彼此坦誠的基礎上，如果他不願意讓你知道他的隱私，不管是擔心這些東西會傷害你們的感情，還是覺得侵犯了他個人的利益，都是誰對誰缺乏信任？

其實偷看真正犯的錯誤是不尊重，不僅是不尊重你愛的人，也是不尊重私信中涉及的第三者。**戀愛的雙方需要分享隱私，這才叫信任**，但如果沒有得到第三人的授權，你所愛的那個他告訴你這類隱私其實在法律上也是一種侵權。

這一點是我對《非誠勿擾》類節目的一個質疑。男嘉賓需要公開說出自己的情史，自然侵犯了第三人的權益。戀愛中信任很重要，但沒有坦誠就不會有信任，考慮到人性的複雜，坦誠絕不是什麼都可以說，只能是該說的說，否則，信任就是一張空頭支票。

聽明的女人會說：「看你的東西正是基於信任你，但你的反應讓我覺得信任你是有些輕率的。」不過話說回來，己所不欲，勿施於人，如果你有隱私不想讓對方知道，那麼偷看他的隱私就是一種非常不公平的侵權行為。

愛上誰不難，難在為什麼會愛

◆這個人讓你激動？還是他的落魄喚起了你的柔情？抑或是他的憂鬱映襯出你的愉悅？

「落難的王子遇到一個美麗善良的女孩，巨大的同情心讓女子不顧一切反對，用真摯的愛與關懷幫助王子脫離苦難，王子也愛上了這個可愛的女子，於是他們相親相愛，白頭到老。」這種童話情結幾乎是跨文化的，因為人類相信好心必定會有好報。相對來說，如果讓一個高貴的公主愛上一個落魄的人，就要困難得多。中國的《西廂記》中，崔鶯鶯愛上落魄書生張生，幾經磨難，幸福結局還得讓張生博得功名。

不過在現實中，類似的故事結局未必如此。

一位女性朋友談到她的困惑，她發現自己愛上了一個落魄的中年男子，他還患有憂鬱症。家人都極力反對，但她不想失去愛的感覺，那她是否要堅持下去？

愛是一個很虛無、很不實在的詞，因為是前一分鐘你還愛著，下一分鐘就可能因為一件事、一句話、一個眼神突然就不愛了，甚至把愛都變成了恨。

愛上誰不難回答，要回答為什麼愛就有點困難。你要先問問自己，是這個人讓你激動？還是他的落魄喚起了你的柔情？抑或是他的憂鬱凸顯出你的愉悅？如果你喜歡愛上一個需要人關懷的人，那麼也許你也是一個內心不開心的人，對他人孤苦的想像激發了你內心的憂慮，你想救他也許也是在救自己。

有兩個詞我們可以解析一下。「發現」自己愛上，這個語境讓我感覺愛的起源不是本體的你，不是那種被欲望驅使的情欲的投注，而是一種外在的理性判斷。理性是一種美麗的東西，它會考慮道德、良知、規則這些東西，唯獨不考慮私欲。如果愛還是一種感覺，那還不能確定這個感覺是誰的。是需要還是被需要的感覺？哪種感覺更像你對愛的感覺？因愛而需要與因需要而愛是心理學判斷愛是否成熟的標誌之一，如果能分清，我就不會為你擔心。

不過，心懷拯救欲望的女子，喜歡受苦的男子，或看不得男子受苦。喜歡感覺自己被需要，感覺自己重要，這樣的感覺捲入愛中，就成為一種精神自慰式的遊戲，通過救贖別人來救贖自己，結果是雙雙陷入愛的迷途。

所以，較好的做法是，用關懷去幫助他，把愛放在心中，直到他戰勝憂鬱困境，真正展現出可愛和能付出愛的時候，這樣的愛才能長久。

如何理解婚姻

◆婚姻是人生存的一種形式，愛情只是婚姻的一部分，不是全部。

有讀者來信尋求我的幫助，信件的主要內容是：

我和老公是大學校友，一直以來我們都過得幸福快樂。但自從他工作上有了一點成績後，我們開始有了衝突。更嚴重的是，一個月前我發現他有外遇，對方是他公司的同事。當我知道這件事後，他馬上和那個女人斷了聯繫，也一再表示後悔。現在的問題是，我也想恢復到以前的日子，可是他對我好，我就想他是不是也曾經對那個女人這麼好，我感覺他的一切都是髒的，我無法說服自己接受他，但是我也真的想挽救這個家。

我給這位困惑的讀者講了一個故事，我也想把這個故事分享給大家：

一隻鱷魚抓住了一個小孩，小孩的母親趕來哀求鱷魚放了自己的孩子。鱷魚說：「我可以放了你的孩子，前提是你能猜到我接下來要對你的孩子做什麼，猜錯了我就把你的孩子當晚餐！」母親說：「我相信你是守信、誠實的鱷魚先生，我知道你接下來就是想吃掉我的孩子。」「你猜錯了！」鱷魚狡猾地說：「你不能怪我吃了他。」母親堅持說道：「鱷魚先生，如果你吃了我的孩子，就證明我猜對了，所以你不能吃掉他。」

把這個故事改個樣子。一個瘋狂（Madness）的念頭（他有了不良的男女關係，我無法再接受他）抓住了你，婚姻趕過來哀求Madness放了你，因為婚姻不能沒有你。狡猾的Madness說：「那你猜猜我接下來要做什麼，猜對了我就放了她。猜錯了，嘿嘿……」婚姻說：「你是一個守信和誠實的Madness，我知道你不想讓她原諒她的伴侶，讓我（婚姻）難以存在下去，你在想如何破壞我這個婚姻。」

Madness眨著眼睛狡猾地說：「可憐的婚姻你猜錯了，我沒有這樣想，因為那個男人做了糟糕的事，厭惡是他罪有應得的。現在我不能放掉這個受傷的女人，你也不能怪我破壞這個婚姻。」

如果是你該如何回答呢？你會聰明而理智地說：「尊敬的 Madness，你不能再阻礙我們夫妻和好，因為如果你這樣做，就證明我猜對了！」

讀懂這個故事，你會知道**妨礙你的心情和你的婚姻的不是你的先生，而是你內心瘋狂的念頭**，如果你任由它擺佈，那麼，最終用破壞性情緒撕裂、肢解婚姻的人是你，而不是有錯的他。

＊　＊　＊

我是這樣來理解婚姻的，婚姻是人生存的一種形式，愛情只是婚姻的一部分，不是全部。把婚姻看成是愛情的一種包容形式，其實骨子裡是不那麼想對婚姻負責。因為愛必須在自由的情況下才會產生，而且愛是一種心理體驗，本身就不太能確定和維持，婚姻卻是客觀現實。如果沒有愛情，婚姻是不道德的，那麼婚姻中的人都必須愛對方，愛情就失去了它的自由屬性，這樣的愛也失去了魅力。每個人也因此可以隨意把「不愛」當成婚姻解體的正當理由。

婚姻是一種依存關係，但婚姻要靠愛情這顆種子來培育。婚姻一旦像新生兒那樣產生，就會慢慢長大，然後必然又會增加許多外延（extension）和內涵（intension），這時候，婚姻就不僅僅是愛情。

在人性立場上，婚姻應該具備三個基本功能，互利、分享和並存。互利是雙方都能從婚姻中得到所需，並能更自由、更快樂地實現自我生命的意義、完成對價值的追求，而不是削弱或限制人的追求。

分享包含互助，也包含一種歸屬感，永遠只說「我的是你的」，但不說「你的是我的」。把自己好的、快樂的、令人幸福的東西奉獻給對方，但永遠不要求對方給自己。

並存是一種高度尊重，願意保持一種邊界，尊重雙方的差異，其中包含信仰、生活方式、價值觀、習慣、社會興趣、朋友等方面的差異。我個人覺得，實現這三個功能比用愛情維繫婚姻的力度還要大。

如果我們用開放的心態來解讀婚姻這個詞，會知道婚姻並不僅僅是兩個人的形式。婚姻可以是多人的，一個團隊如果實現這三個功能也可以是婚姻，兩個企業或幾家企業因互利、共用並聯結在一起也叫聯姻。同樣，一個人獨自生活得好，發展得好，也可以是一個人的婚姻。一個人生活不好，發展也不好，那就需要另一個人來互利，一個人的婚姻就成為兩個人的婚姻。兩個人的婚姻就需要並存和分享，理解了這點，婚姻將不再是難題。

婚姻中要不要AA制

◆如果在婚姻中尋求這種平等關係，那麼婚姻關係與外人關係就沒有區別。

前一陣子接到一個讀者來信，談到婚姻生活中雙方的消費觀差異，跟大家分享一下我與這位讀者的問與答：

問：從結婚開始，我和老公各自管自己的錢，他的收入比我高。我的錢全用在家庭上，從沒想過存錢。老公的收入也用來養家，但是因為收入高，所以有儲蓄。有時吵架，老公說這個家裡的東西都是他買的，好像我沒什麼貢獻。剛結婚時，旅遊錢是他出的，後來出去旅遊，他都要我出一半。有時鐘點工來清潔環境，錢他先墊了，不過人民幣50元（約台幣兩百五十元左右），他也會馬上跟我要。我經常因此跟他冷戰，因為我也想要有他願意讓我花他的錢，有被寵愛的感覺。

我平時都覺得老公對我不錯，挺疼愛我的。但是，一涉及金錢，老公就十分計較。這是影響夫妻感情的一件大事。我想請教，問題是出在我身上，還是出在他身上，還是雙方都要改變？

答：除情感以外，有三大方面最容易讓夫妻關係不和：子女教育方式、理財與金錢管理、對雙方父母親友的態度。

婚姻關係是人類最難相處的關係，因為是婚姻需要全方位的接觸，不像與他人的關係那樣，總有緩衝的空間與時間。美好的婚姻是人類文明進化的產物，純粹建立在人類通約的社會屬性上，但家庭內部更多展現的是人的生物屬性或是自然屬性，婚姻中存有很多不合理、不和諧的關係。

古人語：「清官難斷家務事」，婚姻問題求教朋友或者專家，結果往往是想幫助你的人好心辦壞事。婚姻制度與法律的建立讓人們在兩性關係中獲得安全卻失去了快樂。人類的煩惱基本上是人際關係的煩惱，夫妻關係產生的痛苦要遠大於獲得的甜美。

處理這種婚姻關係需要一些基本的意識——公平、公正、合情合理是不可能的，如果在婚姻中尋求這種平等關係，那麼婚姻關係與外人關係就沒有區別。佛家講，婚姻是緣，隱喻是，婚姻就是還債。婚姻的一方感覺很虧，想想這是你上輩子欠他的，多少會有些聊以自慰。一個人如果把婚姻看成是受苦，是一種人性的修煉，那麼婚姻關係就好處多了，對方愈對你不好，你的修煉愈能精進，最終你將獲得完美的生命。

民間流傳這樣一句話：「婚姻的祕訣在忍，忍無可忍還是忍。」婚姻關係和諧的前提是，當你選定一個人，要謹記心甘、情願、簡單、糊塗這四個詞，那麼婚姻就不再讓人害怕。

男人喜歡把錢掌控在自己手中的原因有很多，比如，小時候比較窮或者天性吝嗇；婚姻裡缺少優越感或者缺乏自尊，不會尊重他人；缺乏體面拿錢撐面子；擔心妻子不會理財，花錢沒計畫等等。他不一定是不夠愛你，或者輕視你、欺負你。

處理婚姻問題有一個原則，區分問題出在誰身上，要看誰認為這是問題。通常想改變現狀的那方為訴求方，改變要從自己做起。如果想改變的一方把責任都說成是對方的，對方應該做什麼和不能做什麼，改變就會因對方需要而為自己解釋、爭辯、合理化，最後的改變將是南轅北轍。

可以坦誠告訴另一半你的煩惱，問問他的感覺。如果另一半不覺得這是問題，那麼你需要檢視自己，是不是心不甘、情不願。讓另一半知道你的煩惱大有好處。婚姻中，一個人不快樂，另一個人也好不了。

CHAPTER 6

溫柔地堅持，成熟的婚姻就會到來

溫柔地堅持，婚姻終會成熟

◆夫妻是一種同盟關係，不是所屬關係。婚姻是為了好的生活與孩子的未來。

很多時候，我們對生活的感受與我們的內心假定有關，很少與現實相關。同樣的故事，換一種敘事方式，內心感受會完全不同。

想想一對青梅竹馬的戀人，由於學業與社會倫理的壓迫，兩個人都累積了太多的情欲。大學期間，壓抑的愛不能暢快實現，只能用精神豐富的聯想來演繹情愛並得到滿足。兩人畢業後同居或結婚，情欲的渴求在身體的纏繞摩擦中得到釋放，心靈的碰觸也日漸達到高峰。

那時，戀人的眼睛總是專注地看著對方，彷佛世界在發生什麼並不重要，生活清貧也不能影響兩人。而且，愈是艱難困苦的夫妻，愈會依靠性的釋放與心的依戀來找到力量，何況對年輕人來說，那時除了性的快樂，也沒有什麼經濟能力從其他享樂中獲得其他滿足。

那時的親密會深深印刻在我們心中，那是一種天堂般的日子。但身體與心之間的熟悉會降低我們在親密中獲得的愉悅，身體碰觸多，心靈的接觸就少。慢慢地，經濟與地位的改變讓我們有更多可實現快樂的方法，永不滿足的情欲也會因為孩子的到來而消失殆盡。彼此的心開始從對方身上移開，眼光也變得遊移不定。

並不是人不再喜歡依戀，也不是不再愛了，而是人必須把精力放在比依戀更具現實的事業、成長和自我實現上。性的過度滿足會削弱人在事業上的動力（能量守恆），所以，婚姻男女需要在很長一段時間保持一種更具現實感的生活。一方把精力投注在孩子與家庭，有能力的一方可以更無牽掛地去大展宏圖。

夫妻是一種同盟關係，不是所屬關係。婚姻除了是為了性與親密，更是為了好的生活與孩子的未來。

有人會使用一種非此即彼的邏輯，以為好婚姻應該有一種固定模式。婚姻是生命，愛情是懷孕與孕育，結婚是新生兒誕生。依戀的情愛是五歲前，磨合是青春前期，現在婚姻處在青春叛逆期，你成為母親，他卻是孩子。他頑固地把精力投注在外部事務上，而你仍停留在兒童時期，期望從對方處獲得一切情愛。

只要我們溫柔地堅持，青春期會過去，婚姻終會成熟。總是為愛付出的女性要把對另一半的關注收回一些，放在照料自己上，先努力取悅自己，讓自己處在輕快舒適的生活中。先做好自己的情人，與另一半的相處才會自然地好起來。

親密感的邊界

◆丈夫必須長大，建立親密邊界，當兒子態度明確，婆媳糾紛就變得毫無意義。

向我諮詢婆媳如何相處的來信特別多，以下選取其中一個跟大家分享我關於親密關係邊界的看法。來信內容如下：

我婆婆年輕喪偶，獨自撫養兒子，現在這個兒子是我的丈夫。我小時候和媽媽處得很好，自然認為婆婆就是我的媽。可是婆婆卻不認我這個女兒，對我百般挑剔，討厭我的生活習慣和穿著打扮，討厭我與鄰居說話，要求我做一個專心伺候婆婆、老公的傳統妻子，還不斷向丈夫告狀，鼓動他來教訓我。丈夫夾在兩個女人中間很為難，經常唉聲嘆氣，我也很累。我和丈夫都是高級白領，我有自己的事業和對生活的選擇，婚姻只是我生命的一部分，但不是全部，我該怎麼辦呢？

這樣的婆婆不喜歡媳婦是天經地義的，喜歡反而是一種虛偽。從象徵意義看，你的丈夫和婆婆十幾年來過著一種類似婚姻的生活，他們除了不能有性生活，分享著所有人類可以有的親密關係。你是闖入者，你不僅擁有與這個男人的性，還想分享其他的親密關係，但這是婆婆的領域，你冒犯了她，她自然要找你的麻煩。

兩個女人都想和一個男人分享親密，類似一種精神的拔河遊戲，當然婆婆很可能拔不過老婆，因為老婆能為丈夫生孩子，但婆婆不能，最後勝利的經常是老婆。除非老婆自動放棄，或丈夫很依賴婆婆，否則老婆一般不會輸。

一個女人撫養一個孩子，尤其是男孩子，如果沒有老公的干擾，極易形成一種深度依附與親密，甚至是一種共生關係，你中有我，我中有你。如果一個喪偶卻為孩子不再去愛的女人，就更為可怕，因為一切的愛和情感，甚至生理需求都必須、也只能從孩子那邊獲得。這樣的母子關係沒有邊界，沒有禁忌，自然會產生一種排他性。

這樣的關係多少有種病態的意味，但很可能掩藏在文化頌揚的那種孝順正面標籤裡。很自然的，那個男人會想，我母親為我做了那麼多，犧牲了那麼多，我也要如何如何……其實，一個為了孩子不再去生活的女人，不是為了孩子，而是為了自己，面對一個弱小的孩子，她自如地獲得優越感、被需要感、重要感，甚至不能被拒絕的愛。跟這樣的男人談戀愛還可以，他常常很細膩、敏感、體貼，結婚就有點像押錯寶，憑空為自己添一個天敵。

絕大多數的婆婆都喜歡媳婦，甚至討好媳婦以與兒子維持良好關係。在舊式文化下，由於高度強調媳婦的順從，婆婆被文化滋長了一種專橫跋扈的氣質，媳婦只能忍氣吞聲。等多年媳婦熬成婆，她又轉過來欺壓自己的媳婦，忘了當年做媳婦時的不平。

現在的文化宣導一種平等和邊界，婆婆與兒子之間應當有明確的邊界，婆婆在沒有兒子「授權」情況下，不能隨意介入兒子的生活。也不那麼強調家庭內的尊卑，儘管孝順與贍養老人仍是一種傳統美德，但尊卑意識還是淡化了。

丈夫無原則地讓權是老婆和婆婆糾纏不休的根源，丈夫必須長大，建立親密邊界，並有能力對母親說「不」。事實正是如此，當兒子態度明確，婆媳糾紛就變得毫無意義。

請敬畏生命

◆我敬畏生命，生命的智慧遠比我們自己要深邃得多。我們對待生命的態度，也是我們對待自己的態度。

有讀者來信詢問：

我是大學教師，和丈夫關係很好，目前懷孕兩個半月。我一向不喜歡小孩，我的擔憂是：我和丈夫分別是三十六歲和四十二歲，從優生優育的角度看可能影響胎兒品質，而且我丈夫在此之前一直未戒煙戒酒。不過最令我焦慮的是，小孩的出現將使我們的生活發生重大改變，我能預見小孩帶來的苦惱、負累和辛苦，但卻想像不到小孩能帶來什麼快樂，擔心因此降低我們的生活品質，變成「孩子的奴隸」。但是，我也沒有不要這個孩子的決心，擔心以後會後悔，影響夫妻關係，儘管丈夫說他也不像年輕時那樣想要小孩了，能尊重和理解我的決定。這個孩子會讓我們的生活變得更好還是變糟？我是不是應該要這個孩子？

我想說的是，我敬畏生命，所以不能隨意去評議這件事，生命的智慧遠比我們自己要深邃得多。

人生無時無刻不在選擇，同樣也無時無刻不在被選擇，既然孩子已經選擇了你，你就要拿出全部的智慧和勇氣來迎接他的到來。有了孩子以後，去討論該不該要，或是擔心孩子將來是否能帶來快樂已經毫無意義了。生命是自然的產物，自然是人類真正的母親。母親的子宮只是自然賦予生命的通道，它既屬於你，也不全屬於你。

讀生命的自然發展史你會知曉，生命向來就是以群體的方式共存，並不真正存在所謂的個體，那是被人類有限的知覺創造出來的。

所有生命都需要得到世界足夠的敬重，即便他還在你的身體裡，如果他已經存在了，就沒有人可以忽視他，或者可以決定他的命運。從佛學的輪迴理論看，這個孩子的存在，一定與這個世界有眾多的淵源。

請敬畏生命，生命的智慧遠比我們自己要深邃得多。我在德國海德堡的老師，佛瑞茲・西蒙和他的太太沒有孩子，師母三十多歲的時候，接連在菲律賓、南非領養了兩個女孩，一家人歡樂和睦，親密異常。西蒙老師有個信念，人類的孩子都是共同的，養育孩子是成年人不能推卸的責任。西方文化下的社會比較強調人的社會責任感，如果覺得自己有更好的能力養育更好的孩子，自己就要多承擔一些。

東方文化下的「養兒防老」過於狹隘，隱含孩子是自己的，既失去對生命存在本來的尊重，也造成社會對家庭養育孩子缺乏監控和指導功能。

某次做節目，來賓是做資源收回的，二十年撿了十二個孩子，缺吃少穿，居住條件惡劣，好幾個孩子還有畸形。這位四十多歲的男人雖然善意可嘉，可是社會對孩子的保障呢？讓我扼腕垂淚。

孩子的未來就是國家的未來，今天我們的社會怎樣對待孩子，二十年後孩子就會用什麼樣的方式回饋社會。我們對待生命的態度，也是我們對待自己的態度。珍愛生命，也是珍愛我們自己。

生命的滋養和動力

◆視過去的一切都是生命美好的資源，從中獲得滋養、獲得情愛的智慧，才能把經歷過的痛苦變成發展的動力。

生命與情愛是一個緩慢展開的過程，沒有什麼事情是可以忘卻的，經歷過的一切都是我們生命的一部分，不可忘卻也不可消除。

這個世界上不存在「真正的忘卻」，所謂的忘卻在心理上只是通過隔離、潛移的機制，把問題留在意識的深層。無條件接納過去所感受的，視過去的一切都是生命美好的資源，從中獲得滋養、獲得情愛的智慧，才能把經歷過的痛苦變成發展的動力。

心理學有一個很經典的解釋，叫「依附障礙」，說孩子兩歲以前，或稱依附前期，在與母親的關係中體驗被愛的同時又體驗到被傷害，或者撫養他的人不斷更替，難以形成穩定的依附關係，孩子會選擇一種逆來順受的方式接受「現實」，表面很乖很聽話，內心卻潛隱著「嬰兒的憤怒」。這種憤怒在青春期和成年後常會指向最親密的人，對外人卻能保持理性、克制。

有「依附障礙」這種情況的個體如果害怕失去一段關係，往往會刻意討好對方，結果自己失去了自我感，不能維持一種良好的情愛邊界，反倒讓對方感覺被纏住。當情愛不順利或者只是處在情愛中自然的潮起潮落階段，會產生一種誇大的憤怒與多疑，同時伴隨強烈的自卑與對自己的不信任，兩種情緒會把愛情變成地獄般的煎熬，讓雙方傷痕累累。

這樣的個體在一般人際關係中溫暖、成熟、堅強，誰也傷害不了他，他會很努力發展自己，獲取穩定的社會認同，事業上也容易取得成功。但一涉及親密關係，就變得脆弱、不自信、非理性、容易受傷。

那麼，要如何解決呢？

請一定要意識到婚姻是自己的，婚姻不是你伴侶的，你要珍惜它。很多時候，如果我們把婚姻看成是一個人的，對方只是來配合你對婚姻的假想，那麼你的內心會好過一些。伴侶只是婚姻的一部分，不是全部，所以在婚姻中的感覺也不能只依靠另一半，不然，你將會被另一半制約。

女性需要尋找自己生活與婚姻的樂趣，你愛那個男人，他存在著，你的愛就有了投注的物件。你愛他，你幸福著，和愛的人在一起會讓人愉悅。

保持自己的一些社交活動和個人愛好很重要，因為情緒不好的時候你有逃避的地方，都要另一半來承受對他來說是不公平的，如果你自己搞不定自己，誰能搞定你呢！

很多時候，憤怒很可能來源於你憤怒的方式，憤怒—內疚—壓抑—憤怒，周而復始。如果憤怒後，陷入自責與悔恨，然後變得忍耐、壓抑，慢慢地，情緒壓抑到了一個極點，新的憤怒又會產生。這是一種情緒的激怒現象，破壞這樣的循環，憤怒就會減少許多。

我有幾個小建議，或許可以減少憤怒，減少「依附障礙」所帶來的影響：

1. 不要對所愛的人太好，也不要愛得太深，不做情愛天使也不會淪為惡魔。
2. 不要理想化你愛的人，沒有高期待就不會有大失落。
3. 把生命看成你駕駛的車，男人只是買票上車的乘客，你可以決定他何時上車，卻不能決定他何時下車。不過只要車好，總會有值得你愛的人想擠上來。

4. 愛一個男人不全為了自己，是為了給自己的孩子選擇一個好基因，以及未來生活的經濟保證，因此要學會感激愛你的男人。

CHAPTER 7

取悅他人不如堅持自我

遇到偏心的上司

◆同一件事對處在事件中不同位置與角度的人來說，感受也大不同。

前一陣子接到一個讀者來信，談到老闆偏心的問題，在這裡跟大家分享一下我與這位讀者的問與答：

問：我今年二十八歲，在外商做企劃宣傳。我們部門只有我和另一個同事，工作直接對老闆彙報。同樣一個想法，如果是我說的，老闆會各種批評；另一個同事說出來，老闆就各種誇讚。每次都是這樣。我不明白為什麼老闆會如此偏心。

答：通常情況下，人對你所處的情景都會有與你一樣的心理反應，但心理學不這樣看。心理學擅長聽者分析，正如「聽話聽音，鑼鼓聽聲」，同樣的話在不同的人聽來感覺是不同的；同一件事對處在事件中不同位置與角度的人來說，感受也大不同。

* * *

心理學把人幼年、少年時某些對親人產生的或被親人激發的性欲壓抑起來。青春期的性衝動會引發早年的回想，由於這個時候道德已經開始起自我批判，於是被浮現、活化的童年記憶會變成一種創傷，形成古怪的焦慮。如果用類似的事情來思考，你的敏感會不會是因為上司的行為活化了你某種壓抑的東西所形成的呢？

當然，這樣的提醒有一種有害性，因為會給你建構出一些類似的記憶。像自動求證般地以為真的是自己怎麼了。除非這樣的工作能夠成功化解你與上司間的問題，改變你內在的感覺，使你從中獲益，那麼你不妨這樣去做。如果新仇未解舊恨又增，就會得不償失。

首先要想想，「不被重視與關愛」的感受過去曾有過嗎？如果你常有這樣的感受，那麼問題可能在於你自己。在家中排行老二的人，這樣的感受從幼年就種植下來，因為某些相似情境，使得內心湧出巨大感受。**這是一種喚起，是內部生成的，不是外部給予的**。對別人語言的解讀與理解，基於內心已有的經驗，這正是語言交流中資訊不通，難以真正達成交流的首要原因。

每個人、每個民族、每種文化都有一套自在對言語的解釋與理解系統，很多人不瞭解這點，以為自己的理解一定等同於他人的理解，自己的感受一定是全天下人的感受，這也是人類容易引發分歧、爭辯的首要原因。即便是你提及的情形真實可靠，至少還有很多不同的可能存在，比如：

1. 人對幼小、不成熟的人會更寬容、遷讓，對成熟、能力強的人可能會更苛求，隱喻是你比那位同事能力強，老闆對你的期待更高。
2. 在功利的動機下，人會更關照重要的關係，對看起來不那麼重要的人說話就漫不經心。
3. 人對親近、安全、信任的朋友說話會沒大沒小，對相對生疏的人會注意分寸。諸如此類的例子還有很多，關鍵是看聽者的內心需求，人只能聽到內心有的、想聽到的東西，那麼你的內心呢？

心理學重視感覺，如果你是第一次感受到這種不公平，是一種全新的關係體驗，那麼需要檢視自己是否對老闆存有非常的期待。

人不會對一個不重要的人說出的話過於心存芥蒂，比如戀愛的時候，男朋友對別的女性稍微好一點，你會非常生氣。如果是女性友人的男朋友對你好一些，你就會覺得沒什麼，對方不必要生氣。戀愛中還會有這樣的情景，男朋友說你十句好你記不住，說你一句不好或者誇獎一句別位女性你就記住了。

假定老闆真的偏心，也有很多不是工作的原因，僅是老闆私人的某些情緒所致。如果老闆對一個人內心有一種隱祕的情感投注，那麼一定會有期待受挫、夢幻破滅的那一天，結局會比你這個局外人更慘。判斷老闆是否重視你，不是看他說了什麼，而是看他是否把重要的工作交予你，是否給你更高的位置與薪資。通常老闆會對獲益多的員工輕慢一些，對獲益少的員工更有耐心與感激，也許你就是那個獲益較多的人。

總是與上司意見不一致

◆**解決問題的立足點還是在自己身上。**

在讀者來信中，經常會遇到不知該如何與女上司相處，以及與上司意見不一致時不知該如何處理等問題。

我認為解決問題的立足點還是在自己身上。按照心理分析，如果你接觸過的女上司都是有點嘮叨，男上司都是比較寬容的，說明這可能是你內心的一種認同模式所致。**當我們有一種習慣性認同，我們會在角色相似的人身上看到那些東西**。有時要問自己：「你跟女上司相處時渴望是一種什麼關係？你希望對方如何對待你？這些渴望是職業的需要（更好的成長）還是私下關係的需求（得到認同感，親密感或者尊嚴）？」問這些問題可以澄清自己內心的糾結與苦惱。

通常女人與女人的關係有母女、姐妹、同事、上下級、普通朋友這幾種。跟上司的關係類似於母女關係。可以檢視自己與有權力的女人間相處的經歷，尤其是自己與母親、女老師之間的關係，或者與一個有強權色彩的姐姐的關係。如果與女上司之間產生的被挑剔、被決定的感受在小時候、青春期時期也強烈影響過你，那麼如何調整這個心態是你要立即去做的事。

不過也有以下的情形，通常女性上司行為都類似母親，替代多、決定多、對下屬的心理需求多、承擔責任的能力又有限，所以跟女上司相處，相對要細心一些、果敢一些，讓對方覺得你靠得住、敢擔當、遇事不慌、處事謹慎。從性別分析的角度看，女上司更有一種把部門看成是家的傾向，下屬都是自己的孩子，所以比較緊張、在意員工。男性上司這方面會灑脫一些，不那麼想對下屬負太多責任，也敢放手讓下屬自己去解決問題。

考慮到異性相容的原理，男上司對女下屬也會格外客氣、寬容一些，他們普遍害怕眼淚，尤其是有女兒的男上司，無意識地會把一種溫情傳遞給女員工，對男性員工則可能會苛求一些。沒有自信的上司可能會比較挑剔，有自信的上司可能相對寬容，這與他們內心是否願意為員工擔當有關。如果你真的不喜歡嘮叨的女上司，而且你確信自己很開朗、乾脆，也可以選擇新的部門，為自己找一個大氣豁達的男上司。這是你的權力，不管問題是或不是在於你，有機會改變就改變，不必有什麼心理顧慮。

當然，如果不管問題是不是你的，你都可以堅持下來，改變一些行為方式來容忍你挑剔的女上司，那麼你算是中了頭彩，因為在這樣的上下級關係中你依然可以如魚得水，天下就沒有什麼可以再難倒你的事了。

＊　＊　＊

在遇到與上司意見不一致的情況時，要想好兩件事，上司對你的指示一定是基於他自己的經驗，供你借鑒，都是好心，在他們的角度與位置，這樣做非常自然而且是應當的。但真正瞭解情況的人是你，你需要對領導說「Ｙｅｓ」，做與不做，先做什麼後做什麼卻是你要拿捏准的。不要把與上司意見不合看成是衝突，要看成是互補，兩種意見可能都是非常重要的，都要仔細斟酌，不要簡單地二選一。

原則上，提供意見的人愈多，你選擇可行方式的機會愈大，要感激他們願意提供忠告，這代表關心、器重你，並非是不放心你。另一方面，做事情要先有自己的主見，把能做的先做好，只有在關鍵處你沒有把握或者缺少經驗時才去請示，請示上司不是為了推卸責任，而是為了增長見識，看看上司的建議中有無可以讓你豁然開朗的好點子。

遇到上司能力不夠淨出餿主意時，你還是要真誠地說「Ｙｅｓ」，但不要去執行。有經驗的上司熟知什麼時候要幫你，到了關鍵時刻，你不請示他也會主動過問。上司不喜歡下屬事無巨細地都跑去煩他，搞不清事情是你做還是他做，容易對你產生不信任。

◆其實有些人在人際關係中的不適是自己內心不能完全接受自己的結果，感覺別人不接納你是自身不接納自己的感受投注在他人身上而已。

俗語說「同行相妒，文人相輕」，因為彼此之間存在一種競爭關係，所以在利益相爭的時候，很多人會輕視友情。如果人在友誼上投注太多心智，競爭中可能會暗自神傷。這句話很像是華人的處世哲學，記得《增廣賢文》中有一句：「逢人只說三分話，莫可全拋一片心。」講的就是對人太好，自己吃虧。

西方人坦誠，是因為西方的文化促進人成長為一個自在、獨立的人。東方人含蓄，是因為在東方文化下，人需要依附某種家庭、組織、團體才能平順生存。如果一個人不是獨立的，說話時就要考慮尊卑上下，不是愛怎麼說就能怎麼說。我們喜歡把不坦誠看成是一種社會的「禮」，「克己復禮」也是儒家文化的核心。為什麼辦公室戀情很氾濫，而友情卻很淡薄？因為情愛是一種結盟，情愛關係是人際關係的最高形式，情愛關係讓兩個同行隔離了競爭關係。

客觀地說，工作環境不是一個適合交貼心朋友的地方，工作關係隱含著一種協作，同時也是一種競爭，在存在利益衝突的人際環境中交知心朋友不可取。

如果你出生於一九八五年以前，深受二十世紀五〇年代出生的父母的教育，那還可以理解，因為那個時代的人基本價值取向是獲得他人認可才能完成自我認同。如果你是「八五後」，還那麼在意他人看法就有些說不過去。你要檢視自己童年是否有什麼重要的欲望沒有達成，尤其是與母親的關係。通常一個孩子沒有得到母親無條件的喜歡，或者與母親的依附沒有得到滿足，成年後就會比較在意他人的看法。

人的友情發展有幾個階段，五歲以後需要玩伴，那個時候只要好玩、接觸方便，多半會形成一種兒童的情感。青春期以後（十二歲）是渴望友誼的重要階段，那個時候主要是認同機制在起作用，喜歡的人往往是與自己情志、興趣、審美類似，仿佛是找到自己，因為喜歡一個朋友而喜歡自己。

到了成年早期（十六歲），由於價值觀與信仰的形成，人的自我否定與自我重建會放棄青春期與後青春期的朋友，轉向志同道合的人，這個時候形成的友誼相對比較長久，甚至持續終身，這也是人生友情的最高峰。這時的朋友一生彼此悅納，不管貧富貴賤都會把對方視為知己。二十歲以後，友情發展基本完成，更多的情感會傾注在與異性之間的情愛上。

開玩笑地說，人間深刻的、可以同生共死的友情一次足矣，而愛情體驗卻是多多益善。工作中感覺貼心朋友難找，一是同事都過了青春的純真年代，不太喜歡輕易與人交心，二是對人際友善有過高的祈求，一般對人際期愈越大、挫敗愈大。

＊　＊　＊

當今社會存在一種無意識強調人與他人一致的行為方式，中道是做人的精髓，不趨前，不落後。心理學畢竟是西方文化下誕生的科學，在很多時候不能真正解釋和適用於對華人的心理分析。西方人明知如此會欣然接受，不再去煩惱。華人常見的問題就是不希望做自己，希望成為別人。

人無完人，上帝不會把好東西都放在一個籃子裡。如果對你來說，追求事業成功是你的為人之道，你必須通過自身的傑出和優越來吸引他人，以此改善你在人際關係中的位置，如果你把力氣過多放在改善人際關係中，耗散了你的執業動力，可能是得不償失，飲鴆止渴。

如果不確信自己的能力是否能讓自己成功，那麼獲得佛教中的一種「自在感」就變得很重要，自在的人可以從容地堅持自己，同時也喜悅地欣賞別人。佛說萬物由心而生，其實有些人在人際關係中的不適是自己的內心不能完全接受自己的結果，感覺別人不接納你是自身不接納自己的感受投注在他人身上而已。行為治療的心理學說：「愈怕什麼，愈做什麼」。雖然不錯，但一個聰明的人會有一種明確的生活態度：要事第一。如果你的事業發展處在一個相對緩和階段，用一點心思去改善人際關係也是可取的。

做一個決策果敢、行事謹慎的管理者

◆管理者的職業人格是，仁在心，嚴在行，決策果敢，行事謹慎。

一般說來，管理者與被管理者在看問題的角度上會有不同，管理者有大局觀，注重平衡、有效、審時度勢，不計較局部得失，追求整體利益。

對一個真正的管理者來說，第一是識人用人，求賢若渴，最怕手中無能人，大膽放權給下屬，發揮他的特長，提升他的能力。

第二是容人，虛懷若谷，坦坦蕩蕩，有能力的人多少會有些怪癖，不拘一格。一個好的管理者是人才的搖籃，手下的人都會有更大的出息。

第三是關懷人，真心愛惜你的員工。中國是家文化，管理者的位置象徵著母親，願意投入情感，體貼下屬，才能讓眾人齊心合力。

第四是恩威並施。恩是承擔，不管下屬做錯什麼，都因是你失察，要主動承擔，這樣下屬為你做事心中才踏實。威就是懲戒，不該錯的錯了要罰，不姑息。罰要重，不能輕描淡寫，罰後再私下安撫收心。

管理一個團隊有時很像彈鋼琴，該柔的時候春風和煦，該嚴的時候雷厲風行。管理者的職業人格是，仁在心，嚴在行，決策果敢，行事謹慎。管理者還需要有角色感，正如戲劇中你是誰不重要，重要的是你扮演什麼角色，做事做人得按照角色的需要去做。

一個好的管理者會審時度勢，不會我行我素，凡事顧大局，不拘小節，有時也不論對錯。如果一個管理者沒有很好的管理經驗，當務之急就是要學習如何運用權力，權力藝術（權術）的關鍵在於有效，一個好的管理卻沒有好的結果，說明管理方式需要調整。雖不能說嚴格管理一定能提高員工績效，至少可以嘗試一下不一樣的管理風格，看看是否可以解決問題。一般說來，可以嘗試這樣做：保持員工之間有競爭，推動他們的渴望與野心，刺激他們的危機感。

今天的員工也不再把企業當家，不再把工作看成是生命的重要構成。拿炒股來形容，過去的員工對一份工作很珍惜，大多像炒長線的股民願意與企業同甘共苦。現在的員工大多是炒短線的，不管企業如何，自己合適就行。所以一個管理者不能期待員工會主動服務於企業，需要有切實的管理條例與績效目標來約束員工，創造一個讓員工和企業雙贏的局面。

內向者的職場之道

◆中道不是不努力，選擇中道的人往往有大智慧與大才能，也很自信。

有很多讀者會來信諮詢職場問題，其中一位讀者的來信讓我印象深刻，以下跟大家一起分享：

我的性格比較內向，到了一個新部門不能很快適應。同事覺得我不會主動跟人溝通，很多時候，我不知道我是不是應該說話。有時候我說了一些話，別人又覺得不能接受。我很難過，要怎麼改變才能增強適應能力呢？

我看過一些心理學方面的書，大學時的心理輔導課老師也曾說過，人的氣質分為四種類型，據說憂鬱類型不太好，這樣的人天生有缺陷。如果我正好是這種氣質類型，怎樣才能正常生活並與別人正常交往呢？心理學上說，氣質是不能改變的，

但性格可以，那怎樣才能在不改變氣質的情況下改變一個人的性格呢？

不是所有人都適應心理學，從不知道心理學知識的人不會得心理學的病。心理學是一種解釋系統，但不是唯一，也不是最有效的。性格的分類只是幫助科學家在研究人類行為、氣質、心理特徵、情緒規則方面便於交流，而不是讓每個人去對號入座。人的心智有一種無意識求證的功能，當我們學到一個東西，就會在內心去探求，結果我們會發現自己跟那個東西有相似之處。

如果你認定自己是內向的，那麼，你內向的行為會被內心的知覺放大，自然會減少開朗活潑的表現，結果是你愈來愈像你所判斷的那樣。很多時候是概念在前，而非事實。有些人會覺得自己內向，在新同事面前就更關注對方不好的回應，對同事的贊許、認可、喜歡視而不見。

那些不好的感覺都是你自己產生並投射到同事身上的，你看到的是你自己的內心。

正如在黑暗中我們手裡舉著的燈，看到的與我們照射的方位有關，那些未被照亮的部分

也許才是我們的本質，但我們不知道。

人格的分類描述把人們引入一個誤區，其實並沒有什麼人是單一性格的。人的性格是複雜、多樣的，齊頭並進，共同發展。**人的本質是不可化約的，一個人身上的特質也是整體人類的特質，沒有好壞優劣之分。**有時性格的表達是一種人主動選擇的結果，會受到我們經歷、年齡、獲取的資訊、價值觀、外界評價、成就感等諸多影響。

但很多時候，我們的選擇只是為了合理化自己的處境。後現代的心理學認為，人不僅不能被分類出人格類型，連「自我」也不存在。自我沒有邊界，也沒有辦法考量。

希臘神話中的伊底帕斯王因為悔恨，最後弄瞎了自己的雙眼，也弄傷了聽力，在一片寂靜、黑暗的世界裡，真正的「自我」出現了，他因而得到重生，從悔恨中解脫。其實，這還是神話，在寂靜黑暗中感覺到的仍不能算自我，只是「自我」的投影，正如鏡子裡的「我」不是我一樣，那是我的影子。所以，改變對自己的看法就會改變你的心理、情緒和行為。

在職場，做個有影響力的人

◆想要成為有影響力的人需要訓練兩個能力，一是內心邏輯，二是不能太在意別人的認同。

有影響力的人絕不是能言善辯，而是從不說廢話、假話，從不逢場作戲般地討巧，也不敷衍迎合別人的期待。只有真誠的言語與深刻的思想才能吸引別人。

不愛說話的人說出的話容易被人注意，因為每句話都會經過大腦，讓人留下深刻的印象。愛說話的人哪怕說出來的是哲理也很少被人注意，因為每句話都不經思考，只是鸚鵡學舌。饒舌、誇誇其談、見人說人話是讓人最不能容忍的毛病，本想成為有影響力的人，做的事卻與自己的意願南轅北轍。

想要成為有影響力的人需要訓練兩個能力，一是內心邏輯，語言的邏輯是內心邏輯的一種再現。內心混亂無序、雜亂無章的人，就算說出充滿道理的話也沒有說服力。隨時進行邏輯的思考，語言只是在表達你的思想。有思想深度的人，語言的分量就很重。

二是不能太在意別人的認同，要有忍耐誤解、孤立的心理能力。渴望自己觀點被認同的人說話往往言不由衷，不能忍受孤獨的人說話也不能堅持自我。

有這兩種能力的人說話顯得真誠，有膽識、有勇氣。想想馬丁・路德・金在美國自由廣場上說出的「I have a dream」，真誠地表達一種思想才會成為具有影響力的人。不能把說話看成一種社交工具，想把言語變成一朵美麗的花，沒有內在思想，說得再響亮也膚淺。

學習說話最好的訓練是大聲朗讀，讓語言在朗讀中學習到節奏、抑揚頓挫。還要有一點布局，最初的鋪墊，主題的引入，到列舉事實求證，最後結尾的前後呼應，強化你想表達的東西。這些都是簡單的技巧，稍加訓練就會有收穫，最難的還是你有沒有思想，有沒有主張。有獨立觀念、有創新精神的人，說話的時候會給人啟迪與享受，就具有影響力。這方面需要更多的經歷、更多的知識、更深刻的思考才能達成。

說話不經大腦的人誰見誰怕，成熟的人有一種節制的心理能力。想說的話要考慮該不該說、適不適合說，不逞一時口舌之快。社交中應該有所禁忌，俗話說不踩人痛腳，得饒人處且饒人，表達的就是節制。節制的另一層意思是點到為止，如果覺得該提醒別人，輕輕一點，盡到朋友的責任就好，至於對方改不改變要由對方決定。

節制意味著不要替八竿子打不著的人管教他的另一半，該老闆說的話不要搶著說，表現自己的聰明，這樣做不是聰明，是傻，以為自己了不起。

節制的高級意義是能不說就不說，揣著聰明裝糊塗，誰都是聰明人，是好是壞心裡都明白。當然，節制並不是軟弱，內心要有自己的原則，也堅持自己的觀點，同時願意忍受模糊，尊重別人的價值觀與生活態度，體諒每個人都有自己的難處。歹話好說與好話歹說是兩種不同的處世觀，前者有人性的寬容與豁達，後者卻是為了自己脫責，把醜話說到前頭。

CHAPTER 8

生活，才是真實的自我

如何當不焦慮的好媽媽

◆媽媽做到最好是為自己負責，昇華、豐滿了自己，說到底不是為孩子負責。

沒有哪個母親不曾焦慮過，幾乎所有母親在養育孩子時都是一個新手。想想我們剛拿到駕照，第一次開車上路，不可能不焦慮，焦慮才是一種正常狀態。初為人母的女性都想做個「完美媽媽」，但這不太可能，沒有誰會是完美的媽媽，所有媽媽都在不停的犯錯與改變中伴隨孩子成長。

現在的育兒書、育兒培訓班、心理教育讓媽媽們眼花繚亂，無所適從。剛流行完美式教育，然後是猶太人育兒經，接下來是法式媽媽，至今還沒有看到一本書是把中國媽媽的育兒方式推廣到世界中去。

中華文化是一種母性文化，中華式教育主要是母親在完成。從女媧造人補天、孟母教子三遷這些古代神話與歷史故事來看，華人女性骨子裡就有養育孩子的才能。孩子們都是跟誰像誰，跟誰學誰，華人的孩子大多是跟著母親長大的。要做一個不那麼焦慮的母親就要把三句話奉為名言：

一是兒孫自有兒孫福，這是媽媽必須要時時提醒自己的。

不管父母為自己的孩子做什麼，孩子自有自己的生命旅程。哪怕你為孩子準備廣廈千間，不是他的他留不住，是他的東西自然會來，這樣的想法能讓媽媽擁有平常心。

二是不完美的媽媽才是好媽媽。

生命是自在的，媽媽可以做到最好，卻不能要求孩子也做到最好。**媽媽做到最好是為自己負責，昇華、豐滿了自己，說到底不是為孩子負責。**一個好媽媽不一定教育出好孩子，因為媽媽做得愈好，孩子失去的愈多。

孩子需要獨立面對一些糟糕情景，生命是在經驗中成長的，媽媽為孩子想得太周全，孩子做人做事全被媽媽預設好、教導好了，孩子從小就失去了選擇與決策的自由，內心的能量很差，長大以後需要做選擇的時候，一旦沒了母親，孩子一選就錯。

不完美、粗心的媽媽反倒給了孩子獨立城長的機會。

想想看為什麼好女人不容易遇到好男人？道理是相似的，這個女人什麼都好，慢慢地，男人就只能自甘墮落。

三是三歲不看大，七歲不看老。

孩子的成長並不是推積木，下面不正上面也歪。孩子更像是玩拼圖，隨時可以打亂了重來。佛教裡有個說法叫「浮華原是一捧沙」，孩子任何時候的優劣都不長久。

我在做諮商的時候，有母親因為孩子小時候淘氣頑皮、不被老師看好、諸事不順這些問題而焦頭爛額，此時我會問：「人都有三十年的運，或早或晚，你希望孩子小時候走運還是長大了才走運呢？」大多數母親會說還是長大走運好。媽媽不要上心理學決定論的當，小時候沒有善待孩子，或者為孩子想得少，對孩子來說既可以是創傷，讓孩子缺乏自信與自尊，也可以是禮物，讓孩子從小就懂事聰明，有更好的自信與自尊。就像危機這個詞，危機是危險與機會並存。

如何選擇適合自己孩子的育兒法，首先要看媽媽是否滿意自己，如果覺得自己不錯，那麼你喜歡的也是適合你孩子的。如果媽媽不滿意自己，那麼你要想清楚一個問題，俗語說種什麼樹結什麼果，要看看你的家族裡是否曾經出現過符合你期待的孩子。你家祖祖輩輩沒有藝術家，卻妄想孩子有一天成為梵谷、畢卡索、巴赫、莫札特等等，也不容易。是否允許孩子成為他自己，是衡量一個母親是否真愛孩子的一個很重要標準。

現在的年輕媽媽或者準媽媽大多出生於一九八〇後，二十世紀八十年代至新世紀初是經濟與物欲比翼高飛的年代，在這種時代裡成長起來的人，從小就被壓迫在成為第一、成為人才、成為社會精英分子的外部壓力中，成長的焦慮一直是生活的主導意識，對孩子的焦慮是對自己焦慮的一種延續與再現。孩子們將生活在未來的未知社會現實中，我們卻無意識地把曾經歷過的壓力投注給尚不確定的未來。

這些年，有不少學者推崇散養孩子，不讓孩子上各種培訓班，在養育孩子成為社會商業化高峰的時候，推行這種做法的初衷很不錯，問題是，這些推行散養的老師是否具有更好引導孩子成長的人格素質與知識累積，他們眼中看到的是錢，還是每個孩子自然成長中呈現的那些天賦特點，並因勢利導地為每個孩子設定最好的自然成長方式。

完全的散養等於完全的不負責，動物都會不厭其煩地教導幼子謀生手段，更何況人類。不同年齡與秉性的孩子需要自然資訊與人類知識的不同刺激，在合適的時候給予合適的教育才是重要的。比如帶三歲以下的孩子走進大自然，豐富情感與心靈；五歲左右引導孩子普遍涉獵人類文化（補習班），淺嘗輒止，幫助孩子建立對人文初始的興趣；七歲左右鼓勵孩子之間交往（散養唯一的好處），獲得友情、人際能力與團隊精神；十歲左右促進孩子理性學習與建立必要的規矩……。

站在孩子的角度看，他們最喜歡什麼樣的媽媽，最有利於他們健康成長？

我想第一要素是做有孩子氣的媽媽：也就是用孩子的知覺去感受孩子，同歡共苦，不用成人的價值觀審視孩子。

第二要素是做孩子般好奇的媽媽。好奇是引導孩子對世界感興趣的最佳動力，好奇的媽媽會讓孩子的童年充滿歡樂。

第三要素是做未知的媽媽。孩子的眼睛天真無邪，一切生活都在未知情景中慢慢展現，媽媽內心保留巨大的未知，就不會把自己不好的情緒傳遞給孩子，而是願意把自己停留在未知的感覺裡，媽媽的眼中會閃爍出稚氣的光彩。當然，孩子也非常喜歡溫暖、無條件接納、充滿關心、信任、尊重、感恩、慈善這些特質。

生存靠技術，生活靠藝術

◆命運總是眷顧懷抱希望的人，希望是內心的一種準備，讓人能在合適的時候，抓住機會發展自己。

要說清工作這事可能先定義工作（work）這個辭彙，凡是一種有指向目的的行為，並能夠產生某種自我、團體、社會、人類意義價值感的都是一種工作，在這個定義下，工作是精神的、金錢的，藝術的、生活的、社會成就等的追求行為。工作目的不僅僅是錢，錢雖然很重要，但只是一個媒介，會給人帶來一些感受，比如溫飽、物欲滿足、性欲實現，或者自尊、安全感、被需要、受尊敬、個人價值和社會認同感，甚至帶來卓越感、自由與滿足。

在物質匱乏的社會，錢能帶來生活物質的安定；在動盪不安的社會，錢也許可以買來平安；在社會保障不健全的社會，錢會給人一些生存的保障。不過在物質充裕、社會保障完善、低競爭、高福利、人性化的和諧社會，錢在滿足物欲、安全方面給人帶來的快感就沒有那麼明顯了，相反，過大的富裕意味著要承擔更大的社會責任感、更大的道德與倫理的社會壓力，及更少的自我空間與自由選擇。

在馬克思筆下，在一個共產主義的理想社會，人類實際上是回歸到大自然的生物法則：各盡其能，只取所需，不再有錢這個東西，工作只是為了快樂和社會價值感。

工作並非生命的本質，只是謀身的技術。二十年前，工作是你的身分，現在工作只是一件外衣。後現代有被稱為「飛特族」的人們，他們打三個月的工，賺夠錢就放鬆閒適或遊玩大半年，要做到這點，手中需要有技術，被社會需要的技術。學了工程，工程技術就是你的技術，要達到可以謀生的水準，當然要經歷苦痛的時間。當然，如果沒有謀生的技術，就必須打九個月的工，甚至十一個月的工，才能享受自我生活一個月。

所以，尋找並修煉成一種高級技術，不管它快樂與否，能讓你賺到足夠的錢生活就好。生活本身是藝術，充滿著激情與快樂，工作只是生活中一個小的構成，而且可以隨時更換，生活才是你真實的自我。

如果一個人把快樂看成是生存唯一的目的，那的確是非常後現代的。應該說，在高福利國家或在物質欲望滿足的人群裡，才會把快樂作為生存之本。不過，即便是後現代的人還不能說工作必須是快樂的。我們需要好好想一想，聽音樂的感覺是愉悅的，但音樂家在創作音樂，或在學習與排練的時候，往往是枯燥、艱辛並充滿刻板重複與乏味的。只有他修煉好了技法，我們才能享受音樂。還有，住在風景名勝區的居民，很少被山水打動，他們更多會抱怨生活的艱辛，這樣的感受與僅僅到此一遊的人有著巨大的差異。

我是心理學家，但我並不喜歡那些枯燥而強權的心理理論書籍，讀它們是一件苦差事。因為這些理論總是用決定論或歸因論的線性思維，強行分類、化約原本和諧的內在世界，肢解存在的感覺。為了補償自己，我把更多精力投注到自然、藝術、科學中，這樣才能保持平和的心境。

數年前，我應邀去微軟北京總部參加四天全球文化交流活動，那個時候，我是唯一被微軟邀請的本土心理學家，以往微軟都是從國外邀請心理學家前來。由於競爭的關係，微軟人員流動性很大，高層一年半、中層三年就會變動。對高科技且充滿創意才有發展的ＩＴ產業來說，保持底層人員的流動才是企業永保青春的策略，高層的變動則是企業保持創意與自我更新（涅槃）的法寶。

針對員工擔心失業，我問大家：微軟給了我們什麼？大家普遍提及了三點：第一是很好的報酬。薪酬高很重要，因為對這些「八〇後」的孩子們，他們急需錢來保障生活。第二是職業優越感。這很好理解，因為微軟是世界上偉大的企業之一，能在這裡工作，證明自己很優秀。第三是良好的工作環境。毋庸置疑，微軟的辦公環境比較人性化，大多處在城市中心，辦事很方便。

可能重要的還不止這些，而是微軟這個平臺提供了世界最先進的管理技術、市場策略、企業文化和創新思想，這些都是無價之寶。對一個聰明而勤奮的人來說，在微軟工作四年，就會完全熟悉和融入微軟的文化與人文環境，在微軟時你只拿到錢，離開它你會發現你從微軟帶走了智慧、創意、職業成長和精神財富。

所有伴隨著痛苦與喜悅、思考與勞作、創造與重複、保守與更新的人類行為都可稱為工作。在加拿大的一些城市，人們會在意自家花園是否給街區帶來美感，休息日會汗流浹背地在花園做園藝，這些勞動其實也是一種社會性工作，因為它為城鎮街區創造了一種美的生活，得到的是一種社會責任感的滿足與精神愉悅。

二十年前我曾到瑞典斯德哥爾摩的一個工程師家做客，他家中相當自動化，很有科幻世界的感覺。他的地下室簡直是一個完整的工廠，自己製作很多模具和金屬的藝術品。他的臥室在三樓，早上換衣服時把衣服往牆上的一個裝置一扔，衣服會自動傳送到一樓的洗衣機。按一個按鈕，一樓的咖啡機就啟動，並在盛好咖啡時用音樂提醒他。這個朋友應該算是工作狂、創作狂。

生命最富激情的就是創造性的工作。思考、交流、感受、運動、旅遊、交友、做愛，這些人類行為與活動從某種層面上看也是人的一種勞作。尤其是藝術創作，最初的欲望不是錢，而是一種藝術衝動，正如女子懷胎，要把一個美好的藝術創意分娩出來，需要漫長的辛勞。由於科技的發展，人類思想的創造力異常巨大，賈伯斯的蘋果手機幾近完美，這位偉大的老人，創造了極致的美麗，他的每一次心跳都在為他的理想而工作。

當今社會，只要生活得到基本保障，我們也可以不為錢，只為快樂、幸福感、創造、自我滿足、社會責任感與關愛他人而工作。只有法國作家巴爾扎克筆下的葛朗台*因為極度貪婪，終身只能為錢工作。

---

*註：葛朗台，《歐也妮・葛朗台》（*Eugénie Grandet*）這部小說中的主角，是個自私冷酷的守財奴。

夢想、白日夢、情愛的渴望歷來是生命的滋養，要讓生活不枯燥，內心的離奇幻想就不能少。命運總是眷顧懷抱希望的人，希望是內心的一種準備，讓人能夠在合適的時候抓住機會發展自己。不過，夢想是要與現實並存的，在看不到機會的時候，不能因為夢想而放棄太多擁有的東西，這樣做是一種冒失。

人的一生也許會有很多轉折，**無論在成長、事業、愛情中，每一個轉折都是一種重要的生命體驗**。問題是你需要珍視每一個時刻，竭盡全力對待每一個時段的工作，才能證明自己有能力掌控未來全新的生活。

經常「換個頻道」生活

◆人生並不是真的需要靜心，靜心是一種瞬間的體驗。

人無遠慮，必有近憂。宋代無門禪師題有一偈：「春有百花秋有月，夏有涼風冬有雪。若無煩事掛心頭，便是人間好時節。」講的就是平常心。人生其實並不是真的需要靜心，靜心是一種瞬間的體驗。

有些人常抱怨不能靜心享受假期，靜心享受假期是不可能的，因為假期中時時刻刻都有讓你緊張忙碌的事。正如豔陽下，樹林中斑駁的光影反倒是一種恬淡，沐浴在麗陽之下則可能會汗流浹背。真正的靜心意味著心死，遲暮之下安心等待好死也許是一種終極的靜心。

不過，平常心也不是輕易就可以獲得，無門禪師也是參悟了三十年才獲得這一了悟，寫出這樣的詩詞。年輕人沒有平常心也不是什麼壞事，因為悲歡離合、酸甜苦辣都在生活的歷練中，不知辛苦不識甘甜。記得在醫院看門診的時候，最怕的不是掛號的人多，反而怕沒人掛號，辛勞一天比起沒有病人來訪、閒適無聊過一天，心中還是有隱隱的竊喜。

心理學中有個詞叫「換頻道」，意思是說我們的內心往往有許多情緒糾葛不清，如果我們的心智對情緒的管理能夠像電視節目那樣，煩惱多了就轉一個台，看些讓人高興的節目，就可以相對容易接受不同的心境。玩的時候忘乎所以，事情來了也全心投入，這樣就可以減少些許擔憂與糾結。

* * *

生命需要有一種階段性感念，生育的婦女可能有五年的時間需要盡心陪伴孩子，這是人生最辛苦、最甜蜜和最值得回味的時刻。你會體驗到一種至深至情的感受，感受到你與一個生命建立起共生、共感、共情的關係。這種感受是你早年與母親之間依附的再現，非常讓人沉醉、癡迷。夫妻關係遠不能及這個深度，因為你養育的生命是你身體分裂而成，你所愛的那個男人可以分享你的身體，卻永遠和你不是共體。

女人之所以心理強大，就在於她可以在與孩子的關係中重溫與母親的那種深度親密。男人沒有這種福分，潛意識中對生命之初的那種共生共感的追求只能在一個又一個的女人懷抱裡去祈求而難以達及。感受與孩子生命的相融，很多智慧與知識仿佛會從內心澎湃而出。

生活的重心需要選擇，在孩子未滿三歲上幼稚園之前，孩子也許會是生命的中心。等孩子五歲以後，女性可以慢慢把心神轉向自我發展，謀求人生的社會價值，孩子會在你的引領下也開始建立社會興趣與廣泛的人際交往，這是一種發展同步性。

如果在孩子需要你的時候分心去做別的事情，那麼五年以後，你將需要花更多精力去教育他，補償他沒有得到滿足的情感與依附，結果是你被孩子困住，孩子也被你耽誤。

敏感的人要這樣社交

◆你在人際中是否快樂，取決於你交友的範圍有多大，如果你老少皆宜、大小通吃，在人際中就會自得其樂，其樂融融。

被暗示是個很有意思的心理現象，心理學認為，易受暗示的人比較缺乏主見，沒有個人的觀點與強烈的愛好，內心處在一種混沌不明的狀態，像溶液一樣，倒進什麼容器裡，就呈現什麼樣子。其實生活中，每個人都在接受暗示，如認同一種觀點，別人說好自己也覺得好；與人共情，別人哭自己就鼻酸；別人做什麼自己跟著做（模仿），這些都與一種自我暗示有關。堵車時看到別人走路肩，自己不加思索就跟上去，正是被暗示的結果。

心理醫生也經常通過被暗示來達成與來訪者的共情，要做到這點要先讓自己內心空白，讓自己處在易被暗示中，以此走進來訪者的內心。但心理醫生還有第三隻眼在注視著自己，結果是暗示下的共情只為了與來訪者建立合適的關係。

人際關係緊張是另一個很有意思的心理現象，日本學者率先把社交恐懼診斷為人群恐懼症，這個診斷很直觀。一個人什麼都不怕，就是害怕與別人在一起，這難道還不夠幽默？其實，人群恐懼症也是自我暗示的結果，所有恐懼都和暗示有關。看到有人長相凶惡，就退避三舍，很可能那個人的人本性像隻小綿羊。古文裡的杯弓蛇影、草木皆兵都是很好的例子。

害怕社交的人其實是缺乏社交原則的人，因為不明，所以暗示性就增高。當然嚴格說來，暗示與敏感的個性特徵有關，如果敏感的人有了某種原則依託，就會大大降低受暗示性。分享我認可的兩個社交普遍原則給大家：

一是**快樂原則**。主動與人分享快樂，自己也收穫快樂。如果與人分享敏感、多疑、焦慮，收穫的就是痛苦與恐懼。

二是**對等原則**。假如你幫助了別人，也要給人機會可以來幫助你。一個總是幫助別人卻不願意受到幫助的人會慢慢地沒有朋友；一個總希望求助他人卻無心去回饋別人的人也會慢慢地失去朋友。所以，你不能期待別人來認同你，你要主動認同自己，認同別人。

心理學不看動機，只看結果，動機是理性的感知，結果是無意識的語言。其實，是非基本上是個人的是非，正如每個人心中都有自己的審美一樣。我們會想當然地以為自己的是非觀是全人類的，自己認為對的，別人理應說「Yes」，自己感覺錯的，別人就該說「No」！人類普遍存在一種內在感覺，以為自己看到的、觸及的東西，其他人也應該有相同的感覺，其實**人與人之間的知覺差異非常大，每個人都有自己感知到的獨特世界**。

想想我們長期在城市生活的人到野外感受到清新空氣、翠綠的大地、樸實的人際時，就為之感嘆！而生活在當地的人卻可能更多感覺到生存的艱辛，生活的不便。那麼以自己心中那些是非對錯去教導別人，就顯得荒唐、霸道。

＊＊＊

在構詞學中，尤其是同義詞和反義詞的創造，建構了人們一種非此即彼的思維，深陷這種思維可能導致個體人格的分裂，會無意識地把自己分為好的自我：優點；壞的自我：缺點。好的自我必須時時刻刻與壞的自我鬥爭。

與人深交的障礙正是無意識壓抑並否認人格的陰影，當與人太接近，因為無意識擔心陰影洩密而激發一種焦慮。分析人格陰影當然也要分析文學、神話、童話、傳說中的價值結構，好媽媽與壞後母，勤勞的人與懶惰的人，都代表著人格的光明和黑暗面。所以檢視自己兒時記憶深刻的童話人物，可以幫助自我理解。社交中的焦慮都是對自我的焦慮，要坦誠接受自己內心的虛榮、褊狹、小氣、怪癖等，把它們看成自己生命構成的重要成分，在滿足高尚自我的同時，也滿足自私的自我，這樣生命才是活的、生動的。

處在現代社會中的人，是在不同的關係層面界定著自己，人總是在努力接近自己喜歡的人，或者允許喜歡的人接近自己，同時努力遠離不喜歡的人，或者不讓不喜歡的人靠近，這讓人際關係變得像捉迷藏般好玩。

潛意識裡的敵意

◆人即便活得非常中立和客觀，仍擺脫不了受內心善惡的影響。

敵意是人類的一種原始情緒，因為人類畢竟是從原始森林走出來的，外部世界的一切對人類的先祖都可能是潛在的危險。敵意是一種生命的警覺，不完全是為了攻擊他人，更是為了保護自己。人類進化到今天，有了穩定的社會組織和法律保障，安全感愈來愈高，敵意的需要就愈來愈少。加上社會文明鼓勵人類之間和平友好，法律又給予人們行為的準則與公平的保障，敵意這種情緒就慢慢被隔離在人的潛意識裡。

不過，有的人在早年母嬰關係中沒有得到很好的照顧，內心會有較高的不安全感，在人際社會中也會感覺到更多的害怕與敵意。無意識覺得愛他的人可能也會傷害他，在人際關係中會莫名感覺到不安全，或者覺察出他人的不善。從情緒的效用來說，敵意在很大層面上是為了掩藏人的恐懼，敵意會激發人的憤怒，憤怒的人就不那麼害怕別人了。

一切外在的人與事被我們感知到並組織成為一種可理解的意義，都是自己內在一種固化認知篩選的結果，心理學稱此為重複刻板模式，一定是跟自己內心未曾處理好的情結相關，可能是一種對「攻擊者認同」。因為兒童時期對一些可以傷害你或者決定你的人（父母、老師、厲害的同學等）主動認同與「遷讓」，壓抑自己服從對方以換來一種類似「安全」的關係，但並不成功，由此產生了一種內在憤怒與創傷感。在青少年期，因為逆反情緒，人會隔離這種創傷感，對這類怪癖的權威偏激人士產生親近與認同感，無意識模仿或者成為曾經傷害過自己的那些人，好讓自己膽壯。

成年後，某一次人際創傷會喚醒埋藏在內心深處、未曾處理好的感受，於是這種兒童時期反復玩味的心理遊戲突然又開始了，所以難以克制與擺脫那種因人際事件引發的無力感與無能感。但這個時候的人與兒童時期不一樣了，他會搖擺在受害者與肇事者之間，當他有受害人感受，他會表現出肇事者的樣子，攻擊、挑戰對方，成為一種類怪癖、權威、偏激的狀態，但他內心不喜歡自己這個狀態，事後會陷入一種心理糾結，這樣不行那樣也不行，不管怎樣都不快樂。

為自己找到一個假想敵是一種處理內心憤怒最安全、最省力、最有益的辦法。人即便活得非常中立和客觀，仍擺脫不了受內心善惡的影響。一個人、一個民族、一個國家都會有意無意地把一些內部的憤怒轉移給他人，心理學稱這樣的情緒轉移為負向移情。人們也會把熱情、愛、欣賞投射給另一些事物和人，和他們分享快樂，這是一種正向移情。人對某件事、某個人的惱怒有時混雜著許多完全屬於自己的東西，是某事某人激發自己潛藏已久的焦慮，因為無意識害怕這種內心焦慮再現，於是遷怒於他人他事。

＊　＊　＊

每個人的心中都存在著一些自己難以察覺的個性陰影，你對一個人好、對某個人不好，其實都是內心自我的具體化，類似於一種心理願望表達。比如，我們都喜歡美麗的東西，渴望自己也那麼美。我們不喜歡醜陋的人和事，因為我們害怕自己醜陋。與人交往很像是照鏡子，你總能發現鏡中人美中不足的地方，喜歡也好，遺憾也罷，那就是你對自我的態度。

有社交焦慮的人有時也會體驗到這樣的情緒，一個人獨處時一切都好，在有人的環境中就喪失了自我，不能確定自己是誰，需要在人際關係中去識別、認同自己。這樣的人對他人的行為、情緒、言語過度敏感，很容易感覺到被排斥、輕視，甚至被攻擊。其特點是：一般不會外泄出敵意，只是一種在內心活化對自己的攻擊與憤怒，行為上則選擇逃避人際。由於經常感覺自己不被喜歡，因此也發展會排斥、警惕他人，借此平息自己的人際受挫感。人生活在不同的關係模型中，也在不同的關係模型中顯現自己，界定自己的身分。

有社交焦慮的人總覺得別人都在關注自己，這些關注並不是贊許，而是挑剔、輕視、不友好、嘲諷，因而經常是表情僵滯、手足無措、氣不敢出，仿佛置身在地獄一般，非常不舒服。

還有一種情形是人格特質造成的。有一種非正常的人格叫偏執型人格，這樣的人容易覺察到人際中的敵意，容易懷疑別人的動機不純。他們缺少對人的基本信任，萬事不求人，獨立自主，意識狹隘，性格固執，而且有高度道德化的傾向，容易否定他人，感覺世界上只有自己是正確的。由於這種人內心過於敏感，會產生一種關係妄想，總覺得自己被他人觀察、監視，在社交上往往與人保持距離，沒有知心朋友。偏執型的人有一種自動求證的習慣，如果感覺誰對他不善，他會刻意回避或攻擊對方，造成那個人對他不滿，甚至敵視他，結果就證明他感覺到的敵意是客觀存在的。

心理學認為，感受到別人對他的敵意，其實是自身情緒投注的結果，敵意不是他人的，是自己的。區別這種敵意是否正常要看他的敵意是否泛化，如果只是把敵意固定地投注在一個或幾個人身上，那麼是正常的。如果感覺所有人似乎都團結起來反對他，在公共場所也感覺被人跟蹤、監視，每個陌生人甚至親人都要陷害他，這就需要去醫院尋求幫助。

識別好友主要看行動

◆人需要一個競爭對手，如果沒有，精神會創造出一個來。

在讀者的來信中，有讀者提到不小心在同事日記中發現他最討厭的人竟是自己，不知該如何面對。其實生活中也常常有內心與言行不一致的情形，如何應對這種不一致？以下我的看法：

事實上，心理學研究認為，人的言行和內心常常是不一致的，很多時候恰巧是相反的。因為言行要求服從現實規則，而思想卻是自由、無拘無束的，有時甚至是喜歡偏激和極端。例如，渴望權威的人會表現有意無意地討好巴結上級；內心怯懦的人會故意裝出一副讓人害怕的樣子。另一方面，愛和恨、喜歡和不滿在心理現實中是同義詞，有著同一等級的感覺體驗和壓力。

精神分析理論說，人需要一個競爭對手，如果沒有，精神會創造出一個來。其實，愛一個人和恨一個人都是針對自我的掙扎。每個人內心都有陰影，可以說我們的影子是我們自己的一部分，但不等於自己。

檢視每個人的內心世界，我們可以發現許多非理性、黑白顛倒的東西。真正的原因是，物質存在的本身沒有對錯，但人類社會需要秩序，所以就發明出對錯。人類在現實領域要保持一種有秩序狀態，精神世界就會緩慢地滑動到對立的極點——無序存在，重新扶正被篡改過的東西，以此來實現一種內在的均衡。

如果不信，請不假思索的如寫日記般記下你一天中的遊思雜想，看看結果會不會令自己驚訝，看看到底有多少東西是你喜歡的，又有多少東西讓你驚訝地發現，原來你是如此糟糕透頂、俗不可耐！如果有一種儀器能解讀人的腦波，人們就能真正意識到內心現實不等於外部現實。內心現實是無序、無道德感、無規則、黑白顛倒和混亂的。

我愛你因為我們彼此相似

◆社交的快樂原則是，請在與人交往時多考慮別人的需要。

在交流學中，差異的資訊才是重要的。與你想的一樣，說了等於白說，對你沒有些許的幫助。知道你想聽什麼就說什麼是一種迎合，迎合的目的是控制，不是幫助。與你持有相反意見，卻不想干擾你，甚至附和你，這是脫責，不給自己添麻煩，也不是真心幫助。如果一個朋友肝膽相照、忠言逆耳，你要想到，這個朋友為了幫你不顧及自己，這樣的朋友可以深交。當然，這不包括那些只圖口快，不顧及他人感受，喜歡把自己意見強加給他人的人。這也不是幫助，是獨裁。

在交流中還有一個悖論情景，就是人類的普遍經驗和個人的獨特經驗這個差異。人們在理解別人的時候，首先會通過自己的經驗去理解，然後使用人類的普遍性經驗去解釋，其實這樣做會把交流變成曲解。

心理醫生經常會面對這個悖論，比如處在特定情緒或感受中的人，如憂鬱、邊緣性人格障礙者在沙盤遊戲中擺出一些物件來展示他的內心世界，如果用普遍經驗去解釋這些物件的意義可能會大錯特錯，醫生只能以好奇心來詢問每個物件對這個人特定的意義和象徵，以此瞭解沙盤呈現的意義。在這時，個別的經驗大於整體經驗。

很多時候，在人際關係中感覺不被別人接納，或許是自己在拒絕別人，只是自己並不知道是自己發出了拒絕的資訊，別人不靠近自己只是不想讓你不開心。人很容易自動合理化自己的社交行為，總覺得問題都在於別人，因為意識到是自己的問題會引發內心痛苦。而平等、朋友式的關係是交往的基礎。

職場上，人們需要尊重權力位置，所以可以接受不那麼平等的談話。生活中就不同了，如果你沒有和人做朋友的能力，別人就不想理你。不過，這樣的解釋還要看你是否可以做出改變。如果你外表的強，可以讓你保持內心不被人際瑣事過度打擾，那麼這種強就是你需要的人際屏障。

人是關係的動物，一個人到一個陌生環境中，渴望與外部連接，以更深入到當地的人文、習俗、風景之中，產生深刻的體驗。試想，一對情侶，或者摯友，或家庭，不管去哪，他們彼此間的連接都很緊密，對外部的需求已經很少，會花更多時間與心智在彼此的談情與交流中，去哪兒並沒有太大的區別。

我有一個朋友設計了自駕去西藏的旅行，排出了詳盡的旅遊路線、參觀地點、住宿與餐飲，甚至在什麼地方加油、休整等細節，然後把計畫發給她認為能夠一同前行的朋友們。計畫很誘人，朋友們興奮了一陣子，但陰差陽錯之下，結果還是只有她一個人前行。每一天，我們都在等待她回京的消息，晚上也經常傳訊息給她，互轉她的回信。一路上，她發了很多風景人文圖片，讓朋友們遺憾不已。待她回來後，全體朋友排除萬難與她聚會，分享她一路的喜悅，並紛紛要求她什麼時候帶著大家再去一次。

社交有一個快樂原則，在與人交往時要多考慮別人的需要，不要只圖自己的方便與高興。如果你感到孤單，需要有人陪，旅遊或者豐富多彩的安排只是表面文章，怎麼可能有跟隨者？是不是要問問，自己是容易給人帶來快樂的人嗎？在電視台做節目的時候，大家都很喜歡阿果（心理訪談節目主持人），她彷彿沒有什麼憂愁，像開心果似的，不管她去哪裡，我們幾個心理專家都喜歡跟著。哪怕很晚，阿果如果發訊息來讓大家到哪裡聚聚，大家都很樂意前往，結果也都很開心。

心理學描述一種被拒敏感，這樣的人從不對人要求什麼，是因為害怕被拒絕。如果你一直在邀約別人而害怕被拒絕，究其原因，也許是你不太會識別誰是與你志同道合的人。如果雙方都有共同的需要，邀約的成功可能性就非常大。如果你是單身，不要邀請有情侶、有家庭的人，也不要邀請工作狂或者對某些事物有深度愛好的人，即便邀約成功，帶給你的還是無聊。真正關係長久的好朋友都是因為彼此相似。

人與人之間的矛盾大多來自於我們沒有意識到個體閱歷與他人閱歷間存在著差異，生活法則並不存在所謂的同一性或通約性。人生這條道路上沒有專家，能夠與讀者進行些許分享，吾心足矣。

Note

Note

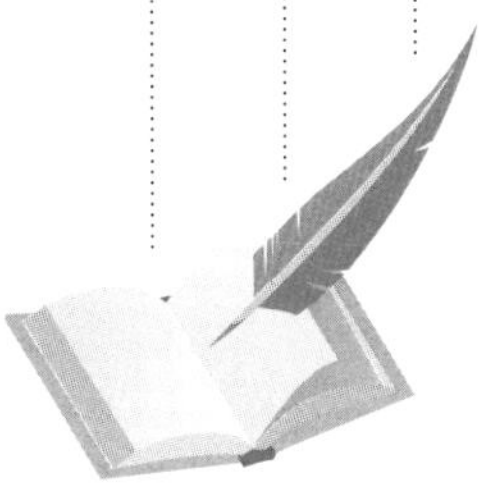

Note

國家圖書館出版品預行編目（CIP）資料

在未知境界中遇見自己：人生所有經歷都是為了成就自我／李子勛作.
-- 初版. -- 新北市：世潮，2020.05
面；　公分. --（暢銷精選 ；79）
ISBN 978-986-259-068-3（平裝）

1.自我實現　2.生活指導

177.2　　109003040

暢銷精選 79

在未知境界中遇見自己：人生所有經歷都是為了成就自我

作　　者／李子勛
主　　編／楊鈺儀
編　　輯／陳怡君
封面設計／季曉彤
出 版 者／世潮出版有限公司
地　　址／（231）新北市新店區民生路 19 號 5 樓
電　　話／（02）2218-3277
傳　　真／（02）2218-3239（訂書專線）．（02）2218-7539
劃撥帳號／17528093
戶　　名／世潮出版有限公司
世茂網站／www.coolbooks.com.tw
排版製版／辰皓國際出版製作有限公司
印　　刷／傳興彩色印刷有限公司
初版一刷／2020 年 5 月

ＩＳＢＮ／978-986-259-068-3
定　　價／300 元

原著作名：自在成長：所有經歷，都是完成自己
作者：李子勛